柳　裕治［編著］

秋山高善・北口りえ・柳　綾子［著］

［第四版］

税務会計論

創 成 社

はしがき

　本書は，税務会計の初学者を対象に，税務会計の基礎的な概念・考え方・税務会計処理という理論と実践を体系的に理解できるように解説したものです。税務会計は，税法，特に法人税法に基づいて，会社の会計を基礎として所得および税額を計算し，申告・納税するという会社の会計と税務の一連の過程を取り扱う幅広い領域です。したがって，税務会計を理解するには，簿記・会計といった会計学や商法・会社法・税法といった法律学の知識を必要とすることはいうまでもありません。そのため，税務会計は，非常に複雑で難しいといわれます。さらに，近年の経済の国際化に伴い，会社の活動も国際化が顕著です。必然的に会社会計の国際化が問題となり，わが国の会計基準も国際的調和化の観点からの改変が著しく，それに伴って法人税法等の改正が毎年行われ，税務会計の内容もますます複雑化してきています。

　このように，税務会計は，確かに法人税法等の複雑難解な条文を理解しようとすれば，非常に難しい学問のように感じられますが，基礎的な概念や考え方を理解していけば，そのような印象は払拭され，ますます興味がわいてくることと思います。

　本書は，まず税務会計の基礎的な概念や考え方の理解から始まり，次に個別的・具体的な税務会計処理，さらに特別なテーマへという順序で理解できるように構成されています。したがって，簿記・会計の知識のない初学者でも税務会計の基礎的な概念や考え方を修得することができますし，すでに簿記・会計を修得した読者は，会計基準との会計処理の相違や申告実務を容易に理解できると思います。また，課税処分が行われた場合の権利救済制度についても触れ，会社経営にとっての一連の税務問題に対処できるように工夫されています。本書が税務会計を学ぼうとする学生，会社の経営者・会計担当者，公認会計士・

iv ………◎

税理士を志す人々にとって，少しでもお役に立てれば幸いです。

　本書の出版にあたって，株式会社創成社の社長塚田尚寛氏および編集担当西田徹氏には大変お世話になりました。厚くお礼申し上げます。

2023（令和 5）年 4 月

編著者　柳　裕治

目　　次

x ·········◎

凡　　例

本書においては，文中の法令，通達等について，次の略語を用いた。

通　　法	国税通則法
法　　法	法人税法
法　　令	法人税法施行令
法　　規	法人税法施行規則
措　　法	租税特別措置法
措　　令	租税特別措置法施行令
措　　通	租税特別措置法関係通達
基　　通	法人税基本通達
耐　　通	耐用年数の適用等に関する取扱通達
耐　　令	減価償却資産の耐用年数等に関する省令
所　　法	所得税法
消　　法	消費税法
消　　令	消費税法施行令

＊「法法22③一」は法人税法第22条第3項第1号を表す。
＊税務に関する法令以外の法律については，略語を用いていない。

第1章

税務会計の制度的基礎

1．税務会計と企業会計制度

　税務会計とは，税法（特に法人税法）の規定に従って，所得課税における課税標準である課税所得および税額を計算することによって租税債務を確定するための会計である。税務会計は，税法という法律の枠内で行われる会計行為という意味では，制度会計の一類型ということができる。すなわち，制度会計は，法の目的ないし理念を実現するための体系として成り立つものである。

　周知のように，現在，わが国では企業の会計を規制する法律には金融商品取引法・会社法・税法の3つの法体系が存在する。したがって，制度会計を当該法理念を実現するための法律制度の枠内で営まれる会計領域と規定する場合，制度会計としては，金融商品取引法会計・会社法会計・税務会計の3つが識別されなければならない。これらの3つの制度会計は，基本的に期間損益計算原理による適正な利益ないしは所得の算定を課題としている点で共通の性格を有している。

（1）金融商品取引法会計

　金融商品取引法は，株式や社債などの有価証券の発行および金融商品等の取引等を公正にし，有価証券の流通の円滑化および金融商品等の公正な価格形成等を図ることによって，国民経済の健全な発展および投資者を保護することを目的とする（金融商品取引法1）。したがって，金融商品取引法会計は，投資者が投資意思決定を行うにあたり必要とされる投資情報を財務諸表において開示しなければならない。そこでは，財政状態，経営成績およびキャッシュ・フロ

ーの状況に関する真実の内容を表示することが求められるが，事業活動の良否判断の指標として期間損益の比較可能性から業績利益の算定が重視されることはいうまでもない。

　金融商品取引法会計の適用対象となる上場会社は，財務諸表（貸借対照表，損益計算書，株主資本等変動計算書，キャッシュ・フロー計算書，附属明細表）を作成し，開示主義に基づいて，一般投資者が自己の責任において合理的な意思決定を行うことができるように，財務内容などに関する情報を開示しなければならないのである（金融商品取引法24・193，金融商品取引法施行令，財務諸表規則等）。

（2）会社法会計

　会社法は，出資者である株主と会社債権者を保護し，健全で円滑かつ効率的な企業活動を可能とすることを目的とする。そのため，会社法では，会計については，株主と会社債権者への情報提供と株主と会社債権者との利害調整のための剰余金分配の規制という2つの規制を設けている。したがって，会社法会計においては，会社の状況（経営成績と財政状態）についての情報を株主に提供し，剰余金の分配可能額を計算することが課題となる。会社は，法務省令の定めるところにより，適時に，正確な会計帳簿の作成をしなければならず，また会計帳簿の閉鎖時から10年間，その会計帳簿およびその事業に関する重要な資料を保存しなければならない（会社法432）。また，法務省令で定めるところにより，開業貸借対照表，各事業年度に係る計算書類（貸借対照表・損益計算書・株主資本等変動計算書・個別注記表）および事業報告ならびにこれらの附属明細書を作成し，作成時から10年間保存しなければならない（会社法435，会社法施行規則118・128，会社計算規則59）。

（3）税務会計

　税法は，平等な取扱いと公平な租税負担の実現を目的としている。したがって，税務会計においては，租税負担能力ある所得すなわち給付能力ある所得の

計算を行うことが課題となる。また，副次的な目的といい得るが，税法においては，租税が経済との関係において経済政策や景気対策の手段にも利用される場合が多いことから課税所得計算にも影響を及ぼすことが多い。

　会社は，所得金額および法人税額等を記載した納税申告書（確定申告書）を提出することにより，納税義務の内容を具体的に確定させることになる（通法17）。会社の所得は，基本的には法人税法・法人税法施行令・法人税法施行規則・減価償却資産の耐用年数等に関する省令により，また特定の政策目的により設けられる臨時的な租税特別措置法・租税特別措置法施行令・租税特別措置法施行規則の規定に基づいて計算されることになる。さらに，具体的な適用にあたり，法令の解釈と税務の執行に関する税務行政内部の解釈適用指針となるものとして基本通達・個別通達が発せられている。

２．税務会計と企業会計制度の相互関係

　わが国の企業会計制度は，金融商品取引法会計・会社法会計・税務会計の３つの制度会計から構成されている。この３つの制度会計は，それぞれの法の目的・理念・機能は異なり，規制しようとする対象の範囲が異なる。しかし，会社が会計情報を作成し外部の利害関係者に提供するという点では共通し，またその会計情報を作成するための基礎的な会計諸基準も共通している。

　法制度上，一般に会社は会社法会計を行っているが，上場会社は金融商品取引法会計も行わなければならない。両会計において作成される個別の貸借対照表・損益計算書等の内容は実質・形式ともほとんど同じである。また，会社法第431条では，会社法が会計規定を網羅的に規定せず，個別的具体的な問題については「一般に公正妥当と認められる企業会計の慣行に従うものとする」とし，さらに会社計算規則第３条では「一般に公正妥当と認められる企業会計の基準その他の企業会計の慣行をしん酌しなければならない」と規定されている。この「一般に公正妥当と認められる企業会計の基準」とは，金融商品取引法上，具体的に，「企業会計原則」，連結財務諸表原則などを意味すると解釈されてい

る。したがって，金融商品取引法会計と会社法会計とは，その内容は実質的に
ほぼ同じであり，ほぼ一元化を達成したということができる。

　金融商品取引法会計と税務会計とは，直接的に法体系上関係する規定はない。
しかし，法制度上，法人税法第74条第1項により，一般的に，税務会計にお
ける法人の課税所得計算は，会社法会計の確定決算に基づいて行われると解さ
れている。これを一般に確定決算主義という。これは，会社法会計を基礎とす
る決算に税法規定により調整を行い課税所得を誘導計算しようとする考え方で
ある。したがって，金融商品取引法会計が会社法会計を介して税務会計に影響
を及ぼすと考えることもできる。

　このように，わが国の企業会計制度は，法体系上の関係から，会社法会計を
中心とした金融商品取引法会計と税務会計との三角形を表すトライアングル体
制を形成しているといわれる。しかしながら，法人税法が，課税所得の計算に
おいて，損金経理を要件とする確定決算主義を採用していることから，税法の
会計に関する諸規定を無視して会計処理をすることができないのである。すな
わち，税務会計が，会社法会計および金融商品取引法会計の実質的内容を形成
しているといっても過言ではない。また税法は，平等な取扱いをする必要から
詳細な規定を設けざるを得ない。そのため，租税負担との関係から，企業の経
営者・経理担当者は，税法の規定を忠実に適用し，積極的に企業の姿をいかに
正しく財務諸表に表すかということには考えを及ぼさなくなってきているとい
われる。このように，企業会計制度の実態は，会社法会計を中核とする建て前
とは相当異なった，税法指向的会計と特徴づけることができるのである。

　しかし，わが国企業会計制度は，金融商品取引法会計の国際化の影響による
変革から，今後見直される可能性もある。

3．申告納税制度

　申告納税制度とは，納税義務者が自ら納付すべき税額を計算し，申告・納付
する制度である。この制度の下での納税義務の確定は，原則として，納税義務

者の申告行為によって確定する申告納税方式によることになる。すなわち，申告納税制度は，国家による処分を待つことなく租税法律に基づいて納税者自らが課税物件，課税標準等租税に関する一切の事情を自ら明らかにし，かつ自ら納税の義務を確定する手続きをいうのである。これは，国民自らが選んだ国会議員により制定される租税法律によってのみ納税の義務を負うという，すなわち自分が自分に税を課するという自己賦課（Self-Assessment）の思想に基づくものである。この意味で，申告納税制度は，納税義務が税務官庁の処分によって確定する賦課課税制度と比較して極めて民主的な制度ということができる。

わが国では，第二次大戦以前は賦課課税制度が原則的に採用されていた。しかし，第二次大戦後，日本国憲法の下での租税制度改革により，申告納税方式は，1947（昭和22）年の税制改正において所得税・法人税・相続税等の直接国税について全面的に採用され，1962（昭和37）年には関税を除く間接国税，1965（昭和40）年には関税についても原則的に採用され，国税については原則的・一般的納税義務確定方式となっている。ただし，地方税については，申告納税方式は法人住民税・法人事業税・地方消費税等に限られており，依然として例外的である。

申告納税制度は，納税義務者が自ら課税標準および税額を確定する手続きである。そのためには納税義務者は信頼し得る帳簿書類を備え付け，それに日々の取引を発生順に，正確に記録し，またはそれに関連する原始記録および領収証等の証拠書類を保存しなければならないことはいうまでもない。

この意味において，国税通則法第17条は，申告納税方式による国税の納税者は，国税に関する法律の定めるところにより，納税申告書を法定申告期限までに税務署長に提出しなければならないことを規定し，法人税法第74条（確定申告）には，内国法人（清算中の内国法人である普通法人および清算中の協同組合等を除く）は，各事業年度終了の日の翌日から2カ月以内に，税務署長に対し，確定した決算に基づき申告書を提出しなければならない旨を定めているのである。すなわち，税法はすべての納税義務者たる法人に対して，確定した決算に

基づく納税申告書の提出を義務づけているのであって，ここに法人が課税所得を計算するための根拠が存在するのである。

　申告納税制度が適正に機能するためには，国民が高い納税意識をもち，税法を十分理解し，自発的に申告をすることが必要である。現行法では，申告納税制度の実態は，白色申告制度と青色申告制度とに区分され，納税者はそのいずれか1つを採用することが許されている。

4．青色申告制度

（1）青色申告制度の意義

　第二次大戦後，全面的に申告納税制度が採用されることになった。しかし，当時，戦後国民のすさんだ心には，まさに納税に対する意欲はなく，自発的に全力をあげて納税に協力しようとするという基本的意志も欠けていた。そのために，申告納税制度の目的を達成するため，シャウプ勧告に基づき，1950（昭和25）年の税制改正において，原則的制度としての白色申告制度の例外として青色申告制度が創設されたのである。すなわち，青色申告制度は，正確な帳簿記録に基づく適正な申告を期待し，またそれを助長するために，一方では特典を与えながら他方では正確な帳簿を備えなければならないという義務を負わせることによって，申告納税制度の目的を達成しようと導入されたものである。

　この青色申告書を提出する法人は，全法人数に対して，1950（昭和25）年当時は50.3％，1960（昭和35）年には69.7％，1970（昭和45）年には82.3％と漸次増加し，1980（昭和55）年には91.1％まで普及するに至り，それ以後現在までほぼ90％の割合で推移してきている。

（2）青色申告の要件・特典

　青色申告制度は，任意的なものであり，強制的なものではない。青色申告をなすか否かは，納税義務者の任意である。青色申告の承認を受けようとする内

国法人は，その事業年度開始の日の前日までに，承認申請書を納税地の所轄税務署長に提出しなければならない。

　青色申告の承認を受けた内国法人（青色申告法人）は，法定帳簿書類の備え付けと保存の義務を負い，当該帳簿書類に，資産，負債および資本に影響を及ぼす一切の取引につき，複式簿記の原則に従い，整然と，かつ，明りょうに記録し，その記録に基づいて決算を行い，貸借対照表および損益計算書を作成しなければならない（法法126，法規53・57）。

　青色申告法人に対しては，法人税法上，

① 青色欠損金の繰越控除（2018（平成30）年4月1日以後開始事業年度から10年に延長）と繰戻還付（1年以内，原則適用停止）
② 更正する場合の帳簿書類の調査義務と理由付記
③ 推計による更正・決定の制限

　があり，また租税特別措置法上，

① 各種の特別償却
② 各種準備金の設定
③ 試験研究費の一定額の税額控除

などの特典が設けられている。

5．税理士制度

（1）税理士制度の意義・沿革

　今日の租税制度は非常に複雑で，申告納税制度のもとで納税者自身が自分で申告書を記載し税金を計算するには，困難を生ずる場合がある。そこで，この納税者に協力して納税代理等の行為を行うため「税理士制度」が設けられている。

　この制度は，戦時下における1942（昭和17）年の税務代理士法に基づく税務代理士制度を前身とするものである。その後，終戦を経て，税務代理行為はますます専門的知識を要することになり，旧制度では現実社会に適合しないも

8 ·········◎

のがでてきたので，1951（昭和26）年に現行の税理士法となり，数次の改正が
あり，今日の税理士制度に至っている。

（2）税理士の使命・業務・試験

　税理士は，税務に関する専門家として，独立した公正な立場において，申告
納税制度の理念にそって，納税義務者の信頼にこたえ，租税に関する法令に規
定された納税義務の適正な実現を図ることを使命とする（税理士法1）。
　税理士の業務は，一般に納税義務者の依頼により行われる。しかし，納税義
務者の単なる利益のためのものではなく，税務に関する専門家として独立した
公正な立場において，申告納税制度の理念に沿い，納税者の具体的な経済事情
を把握して，税法に規定された納税義務の適正な実現に努めることにより，納
税者の信頼に応えることが求められている。したがって，納税義務者も税理士
に業務を依頼するのは，複雑・難解な税法を正しく理解し正しい納税を行うた
めに，税理士の職業上の専門的知識を活用するためである。税理士または税理
士法人でない者は，無償であっても税理士業務を行ってはならない（税理士法
52）。
　税理士は，他人の求めに応じ，租税に関し，次に掲げる事務を行うことを業
とする（税理士法2）。
①　税務代理（税務官公署に対する租税に関する申告，申請，不服申立て等につき代
　　理すること）
②　税務書類の作成（申告書，申請書，不服申立書その他税務官公署に提出する書類
　　を作成すること）
③　税務相談（①に掲げた事項につき相談すること）
④　出廷陳述（租税に関する事項について，裁判所において，補佐人として出頭し陳
　　述すること）
　ここで，「業とする」とは，税務代理，税務書類の作成や税務相談の事務を
反復的・継続的に遂行する意思をもって行う場合をいう。
　次の各号の一に該当する者は，税理士となる資格を有する。ただし，①また

は②に該当する者については，租税に関する事務または会計に関する事務で政令で定めるものに従事した期間が通算して 2 年以上あることを必要とする（税理士法 3 ）。

①　税理士試験に合格した者

②　税理士試験の科目全部について，税理士試験を免除された者

③　弁護士（弁護士となる資格を有する者を含む）

④　公認会計士（公認会計士となる資格を有する者を含む）

　しかし，税理士となる資格を有する者が，税理士となるには，日本税理士会連合会に備えてある税理士名簿に登録しなければならない（税理士法18）。

（3）税理士試験

　税理士試験に合格した者は税理士の資格を有する。この税理士試験制度を設けたことは，旧税務代理士制度から税理士制度への転換の基となっている。この試験は，税理士となるのに必要な学識およびその応用能力を有するどうかを判定することを目的として，次に定める科目について行われる（税理士法 6 ）。

①　税法に属する科目のうち，次に掲げる科目のうち 3 科目。ただし，所得税法または法人税法のいずれかの 1 科目は選択しなければならない。

　　　所得税法，法人税法，相続税法，消費税法または酒税法のいずれか 1 科目，国税徴収法，地方税法のうち住民税または事業税のいずれか 1 科目，地方税法のうち固定資産税に関する部分

②　会計学に属する科目のうち簿記論および財務諸表論の 2 科目

　すなわち，簿記論・財務諸表論・所得税法または法人税法のいずれかと，これを含む税法 3 科目合計 5 科目に合格すればよい。また， 1 年に 1 回以上試験が行われ，何年間にわたってでも 5 科目に合格すればよいことになる。

　受験資格については，会計学科目と税法科目で異なる。会計学科目である簿記論・財務諸表論の受験資格要件は特にないため，誰でも受験可能である（2023（令和 5 ）年度の試験以降に適用）。

　しかし，税法科目については，公認会計士試験短答試験合格者，司法試験合

格者，大学・短大又は高等専門学校を卒業した者で社会科学に属する科目を１科目以上履修した者，大学３年次以上で社会科学に属する科目を１科目以上含む62単位以上を取得した者，日本商工会議所主催簿記検定１級または全国経理教育協会主催簿記能力検定試験上級合格者，法人又は事業行う個人の会計に関する事務に２年以上従事した者などの受験資格要件がある。

練習問題

1．税務会計の意義と領域について述べなさい。
2．企業会計を規制する３つの制度会計の特徴について説明しなさい。
3．企業会計制度における３つの制度会計の相互関係と動向について述べなさい。
4．申告納税制度の意義と特徴について述べなさい。
5．青色申告制度の意義と内容について述べなさい。

第 2 章

法人税の基礎

1. 法人税の意義・沿革

　法人税は，一般に法人の所得に対して課せられる税金であり，広義の所得税の一種である。わが国の法人税法では，各事業年度の所得に対する法人税，退職年金積立金に対する法人税などを含むより広い意味で用いられている。このなかで中核をなすのは，各事業年度の所得に対する法人税である。法人税は，資本主義の発達に伴う法人企業の増加により，個人に対する所得税と同様に総租税収入のなかで大きな割合を占めている。

　わが国の法人所得に対する課税は，1899（明治32）年の所得税法改正において第1種所得税として実施されたのが最初である。ここでは，法人が受け取る配当金・公社債の利子は非課税とされ，個人が受け取る配当金も非課税とされた。所得税法そのものは1887（明治20）年にすでに創設されていたのであるが，法人所得に対する課税は，法人企業が未発達の状態であり，直接には行われなかった。しかし，法人から配当を受けた個人に対して所得税を課していた。実質的には法人税は存在しなかった時代である。

　1920（大正9）年の所得税法大改正では，第1種所得税は，課税所得を配当所得・留保所得・超過所得・清算所得・外国法人の所得に区分して課税されていた。ここでは，法人の課税所得計算上法人が受け取る配当金・公社債の利子等法人の収入となるものはすべて課税対象とされたのである。さらに個人が受け取る配当金も同様に課税対象（4割の所得控除が認められていた）とされたのである。従来個人所得税の計算上，受取配当金等は非課税であったため，配当所得を受ける者とそうでない者との間に租税負担の不公平が生ずる結果とな

り，法人と個人双方をそれぞれ独立の納税主体として課税するに至ったのである。

1940（昭和15）年には法人税については，所得税とは別個に法人税として課税することにし，第1種所得税および法人資本税を統合して法人税法が創設されたのである。ここでも基本的には従来の法人と個人の双方課税方式が踏襲された。

第二次世界大戦後の1950（昭和25）年のシャウプ使節団の勧告に基づく税制改革により，法人税について思想的に根本的な変革がもたらされた。それは，従来法人を独立の納税主体として観念してきたのであるが，法人を個人たる株主の集合体と考え，法人税を個人株主の所得税の前払いに過ぎないとされたことである。このような観点から法人と個人との二重課税を排除するために，個人株主の受取配当税額控除制度や法人間の配当の益金不算入制度が導入されたのである。その後幾たびかの改正を経ているが，この勧告の思考は基本的には現行法人税制度の基礎をなしているものである。

2．法人税の性格

法人税は，法人の所得を基準として課する税金である。しかし，法人税がいかなる理由から課税されるのか，という課税の根拠については定説がない。この議論は法人の本質論から論じられることが多く，基本的には2つの考え方が対立している。

その1つは，法人実在説あるいは法人独立納税主体説と呼ばれるものである。これは，法人は法によって擬制されたものではなく自然人と同様に現実の社会に実在するものであって，個人と同等の立場において法的主体たり得るから，個人たる株主から独立した法人自体の担税力に着目して，法人自体に課税しようとする考え方である。他の1つは，法人擬制説あるいは株主集合体説と呼ばれるものである。これは，本来自然人のみが法的主体で，法人は法が自然人に擬制して認めたものであるから，法人は株主の集合に過ぎず，利益は株主

に帰属することになり独自の担税力を有しない，したがって法人税は最終的に個人たる株主に課される税であるという考え方である。

　前者の説によれば，法人税は法人独自の負担として，配当に対し法人段階で課される法人税と個人株主段階で課される所得税との二重課税は調整する必要はない。しかし後者の説によれば，法人税は個人株主の所得税を法人段階で一部前払いしていることになり，配当に対して課される法人税と個人株主段階で課される所得税との二重課税を何らかの方法で調整する必要が生じることになる。

　この二重課税を調整する方法として，大きく分けて法人レベルの調整と個人レベルの調整がある。

　法人レベルで調整する方式として，支払配当損金算入方式と支払配当課税方式がある。支払配当損金算入方式とは，法人の課税所得の計算上支払配当を支払利息と同様に損金に算入し，個人レベルでは受取配当を他の所得と総合して課税するものである。また，支払配当課税方式とは，法人税の計算上留保所得部分とともに支払配当部分にも法人税を課し，個人レベルでは受取配当（配当所得）の一定割合を所得税額から控除するものである。この場合，法人の課税所得を支払配当部分とそれ以外の留保部分に区別し，前者に対しては後者に対するよりも低い税率を適用して法人税を課す方式がある。これを支払配当軽課方式という。この方式は，企業の資金調達におけるコストの面から損金に算入される支払利息と損金に算入されない支払配当とのバランスをとるため，その妥協として採用されたものである。この支払配当軽課方式は，ドイツ税法（1953年から2001年）やわが国税法（1961（昭和36）年〜1989（平成元）年度）で採用されてきた。

　個人レベルで調整する方式として配当税額控除方式，インピュテーション（法人税株主帰属）方式および組合課税方式がある。配当税額控除方式とは，法人レベルでは課税所得の留保分・支払配当分に法人税を課税するが，個人レベルでは，配当所得金額の一定割合をその算出税額から控除するものである。また，インピュテーション方式とは，法人レベルでは課税所得の留保分・支払配当分に法人税を課税するが，個人レベルでは受取配当分とそれに対応する法人

税額を合算し，それと他の所得を総合して所得税額を算出し，その所得税額から受取配当に対応する法人税額を控除するものである。そして，組合課税方式とは，法人レベルでは法人税を課税しないで，法人の所得が実際に分配されたか否かにかかわらず，すべての所得を持分に応じて株主に分配し，株主たる個人レベルでその所得に課税するというものである。

　わが国の法人税制は，歴史的にみれば基本的に法人独立課税の考え方も採用された時期もあった。しかし，現行法では，基本的に法人擬制説（株主集合体説）に基づき，法人レベルでは支払配当課税方式，個人レベルでは配当税額控除方式を採用し，その両方式の併用による法人税と所得税の二重課税を一部調整するシステムをとっている。アメリカでは伝統的に法人独立課税を採用し，ドイツ・英国・フランスでは法人独立課税の時代もあったけれども，1970年代後半以降，インピュテーション方式が採用されていた。しかしながら，英国では1999年以降，部分的インピュテーション方式，ドイツでは2002年以降，配当所得一部控除方式（半額課税方式と呼ぶが，2019年までの経過措置があった），フランスでは2005年以降，配当所得一部控除方式を採用している。

3．法人税の納税義務者

(1) 納税義務の範囲

　法人税の納税義務者は，内国法人と外国法人である（法法4）。内国法人とは，国内に本店または主たる事務所を有する法人をいい，外国法人とは内国法人以外の法人をいう（法法2三・四）。この区分の基準は，法人の登記または登録された本店の所在地により行うという本店所在地主義によっている。しかし，日本では本店所在地主義を採用しているが，英国・フランス・ドイツなどのヨーロッパ諸国では法人の管理支配の中枢がどこにあるかによる管理支配地主義により，アメリカでは設立の際に準拠する法律が自国の法律か外国の法律かで区分する設立準拠法主義を採用している。

　内国法人は，その所得の源泉地が国内か国外かを問わず，原則としてすべて

の所得に納税義務（無制限納税義務者）を負い，公益法人等または人格のない社団等については収益事業を営む場合のみに納税義務を負う（法法 4 ①）。外国法人は，国内源泉所得を有する場合，その国内源泉所得についてのみ納税義務（制限納税義務）を負い，公益法人等または人格のない社団等については収益事業を営む場合のみに納税義務を負う（法法 4 ②）。また，公共法人については，内国法人および外国法人の別を問わず納税義務はない（法法 4 ③）。

（2）納税義務者の種類

　内国法人・外国法人については，その性格により，次の 5 種類に区別してそれぞれ納税義務の範囲を定めている。ただし，外国法人については協同組合等に該当するものはない。

① 　公共法人

　公法人たる地方公共団体のほか，国等の出資により国の行うべき事務を代行する目的で設立された公団・公社・事業団等および公益性の著しく高い沖縄振興開発金融公庫，日本政策金融公庫，国立大学法人，土地開発公社，日本年金機構，日本放送協会等が該当する。公共法人には納税義務はない。

② 　公益法人等

　宗教・慈善・学術・社会福祉その他公益を目的として設立され，また配当は禁止され，残余財産は国に帰属するか，または同種の事業を営む法人に帰属することを建前とする法人である。たとえば，学校法人，社会福祉法人，宗教法人，日本赤十字社，日本商工会議所，税理士会等がこれに該当する。公益法人等については，収益事業を営む場合に限り納税義務を負う。

③ 　協同組合等

　相互扶助の理念に基づき設立された法人であり，農業協同組合，漁業協同組合，消費生活協同組合，信用金庫，労働金庫等がこれに該当する。協同組合等は納税義務を負う。

④ 　人格のない社団等

　法人でない社団または財団で代表者または管理人の定めがあるものをいい，

法人格のない労働組合・政党，P. T. A，同窓会等がこれに該当する。人格のない社団等については，収益事業を営む場合に限り納税義務を負う。

⑤　普通法人

公共法人，公益法人，協同組合等以外の法人であって，人格のない社団等を含まない。たとえば，株式会社，特例有限会社，合資会社，合名会社，合同会社，相互会社，医療法人，企業組合等がこれに該当する。普通法人は納税の義務を負う。

4．法人税の種類と課税所得等の範囲

（1）法人税の種類

法人税の課税物件は，次の２つの所得を基本とし，それぞれの所得金額を課税標準として法人税が課される。

① 　各事業年度の所得に対する法人税

法人が各事業年度において獲得した所得を課税対象とする。法人税の中心をなすものである。

② 　退職年金等積立金に対する法人税

退職年金業務を行う信託銀行，生命保険会社，銀行等の法人に積み立てられる各事業年度の退職年金等積立金を課税対象とする（1999（平成11）年４月１日から2026（令和８）年３月31日までの間に開始する事業年度は課税停止）。

※ 　清算所得に対する法人税

法人が合併または解散した場合の清算所得を課税対象とする。各事業年度の補完的役割をなすものである。なお2010（平成22）年度税制改正により，2010（平成22）年10月１日以後の解散については清算所得課税が廃止されることになった。

（2）法人種類別の課税所得等の範囲

法人の区分		各事業年度の所得	退職年金等積立金
内国法人	公共法人	非課税（法法4）	
	公益法人等	収益事業から生じた所得に対してのみ課税（法法4・5・7）	退職年金業務等を行う法人に課税（法法4・7）
	協同組合等	課税（法法4・5）	
	人格のない社団等	収益事業から生じた所得に対してのみ課税（法法3・4・5・7）	
	普通法人	課税（法法4・5）	
外国法人	人格のない社団等	国内源泉所得のうち収益事業から生じた所得のみ課税（法法4）	退職年金業務等を行う法人に課税（法法4・9）
	普通法人	各事業年度の国内源泉所得に課税（法法4・9）	

5．同族会社

（1）同族会社の意義

　わが国における法人企業の特徴は，法人成り現象が顕著であり，その実体は個人企業と変わらない法人が多い。このような個人企業からの法人成りは，設立にあたって代表者の個人営業用資産の現物出資によってなされることが多く，そのため代表者とその家族構成員等極めて少数の株主によって設立され，その後もその少数株主支配による個人的色彩の強い経営が行われやすい。これらの法人は，家族構成員等を役員・従業員として報酬・給与を支払い，所得を分割したり，特定の株主の利益を図るため通常なし得ないような取引が行われたりする傾向がある。また，出資と経営が一体化しているため，配当を抑制し，

内部留保を厚くすることによって，法人税率より高い配当所得に対する所得税の超過累進税率の適用を回避または遅延する傾向がみられる。

　このような個人的または家族的色彩の強い法人の傾向に対処し，法人形態での租税負担と個人企業形態での租税負担とのバランスを図るために，これらの法人のうち，一定の形式的基準に該当するものを同族会社と呼び，特別規定を設けて，不当な手段による租税回避行為の防止を図っている。

　特別規定として，
①　同族会社の行為・計算否認規定
②　特定同族会社に対する留保金課税
③　役員の認定・使用人兼務役員の制限
という3つを定めている。

（2）同族会社

　同族会社とは，株主等3人以下ならびにこれらの同族関係者が有する株式または出資の総数または総額が，その会社の発行済株式または出資の総数または総額の50％超に相当する会社をいう（法法2十）。ここに同族関係者となる者には，次のように個人のほかに法人も含まれる（法令4）。つまり，その会社の株主等の1人とその同族関係者を1グループとし，これを1株主とみて3株主以下の持分割合が50％超と計算・判定される会社をいうのである。ただし，会社が自己株式等を有する場合は，これを判定の基礎となる株主等の範囲および発行済株式の総数等から除かれる。この場合，判定の基礎に議決権のない株式も含め，名義株については実際の権利者を株主等とする（基通1－3－1，1－3－2）。

㈠　同族関係者となる個人

①　株主等の親族（配偶者，6親等内の血族，3親等内の姻族）。
②　株主等の内縁の配偶者。
③　株主等の個人的使用人。

④　①−③に掲げる者以外の者で株主等から受ける金銭その他の資産によっ
て生計を維持している者。

⑤　②−④に掲げる者と生計を一にするこれらの者の親族。

(ロ)　同族関係者となる法人

①　株主等の 1 人（個人である株主については，その 1 人および同族関係者となる
個人，以下同じ）が有する他の会社の株式の総数または出資の金額の合
計額が当該他の会社の発行済株式の総数または出資金額の50％超に相
当する場合における当該他の会社。

②　株主等の 1 人および①の会社が有する他の会社の株式の総数または出資
の金額の合計額が当該他の会社の発行済株式の総数または出資金額の
50％超に相当する場合における当該他の会社。

③　株主等の 1 人および①・②の会社が有する他の会社の株式総数または出
資の金額の合計額が当該他の会社の発行済株式の総数または出資の金額
の50％超に相当する場合における当該他の会社。

(ハ)　みなし同族関係者

同一の個人または法人の同族関係者である 2 以上の会社が，同族会社であ
るかどうかを判定しようとする会社の株主である場合には，その 2 以上の会
社は，相互に同族関係者とみなす。

(3) 特定同族会社

同族会社のうち，被支配会社で，その判定の基礎となった株主等のなかに被
支配会社でない会社が含まれている場合，その会社を除外しても被支配会社と
判定される会社を特定同族会社という（法法67①）。被支配会社とは，会社の
1 株主グループが会社の発行済株式等の総数または総額の50％超を有する会
社をいう。特定同族会社に対しては，留保金課税が行われる。

なお，留保金課税の規定を適用する場合，特定同族会社であるかどうかの判
定は，当該事業年度の終了の時の現況による（法法67⑧）。

（4）同族会社の行為・計算否認

　同族会社においては，株主・社員構成の特殊性のため，通常の会社ではなし得ないような恣意的な行為により租税負担の回避が行われやすい。これを容認しておけば，租税負担の公平を期することができないから，非同族会社との租税負担の公平を図るために，特別に次のような租税回避行為の否認規定が設けられている。

　すなわち，税務署長は，同族会社の法人税につき更正または決定をする場合において，その同族会社の行為または計算で，これを容認した場合には法人税の負担を不当に減少させる結果となると認められるものがあるときは，その行為または計算にかかわらず，税務署長の認めるところにより，その法人に係る法人税の課税標準もしくは欠損金額または法人税の額を計算することができるとされているのである（法法132①）。この同族会社の行為であったかどうかの判定は，その行為または計算の事実のあったときの現況によるものとされている。

　なお，同規定の適用対象については，実質課税の原則を根拠として，必ずしも同族会社のみに対するものではないとする見解もある。

（5）特定同族会社の留保金課税

　出資と経営が分離している会社においては株主に対し配当を行うのに対して，個人的色彩の強い同族会社にあっては，法人税率より高い所得税の超過累進税率の適用による追加課税を避けるために，配当を抑制し内部留保を厚くして配当課税を不当に回避または遷延する傾向がある。そのため，個人企業形態で営む企業の所得税と比較して，その税負担に著しくバランスを欠くことになる。

　そこで，個人企業との税負担のバランスを図るため，同族会社のうち，1株主グループにより同族会社と判定された同族会社が一定限度を超えて所得を留保した時は，本来の法人税とは別に，その一定限度を超える部分の留保所得金額に対して特別税率で課税することとしている（法法67）。

　ただし，中小企業の設備投資・研究開発等を行うための資金の確保や信用力向上等を図るために利益の内部留保が必要不可欠であり，留保金課税が中小企

業の発展の阻害要因と考えられることから，特定同族会社の留保金課税制度について，原則として，その適用対象から資本金の額または出資金の額が1億円以下である会社が除外されている。

（6）同族会社の役員認定・使用人兼務役員の制限

　同族会社の場合には，取締役ないしは監査役等の職制上の地位を有していなくても，会社の経営に従事し，かつ次の要件のすべてを満たしている者は，役員として扱うこととしている（法令71）。

① 　その使用人が最初に合計して50％を超える株主グループに属していること。
② 　その使用人の所属している株主グループの持株割合が10％を超えていること。
③ 　その使用人（配偶者，およびこれらの者の持株割合が50％超である他の会社を含む）の持株割合が5％を超えていること。

　また，同族会社の役員のうち前記の3つの要件を満たす者は，使用人兼務役員になれない。したがって，同族会社の使用人兼務役員とされる役員は，平取締役に限られ，常に会社の経営に従事し，さらにその役員またはその役員の所属する株主グループの持株割合によって制限があるということである。

6．実質所得者課税の原則

（1）実質所得者課税の原則

　実質所得者課税の原則とは，一定の課税物件と特定の納税義務者との結び付きを判定するための所得帰属判定原則である。

　法人税法ではこの原則を次のように定めている。すなわち，資産または事業から生ずる収益の法律上帰属するとみられる者が単なる名義人であって，その収益を享受せず，その者以外の法人がその収益を享受する場合には，その収益は，これを享受する法人に帰属するものとして，この法律を適用する（法法11），としているのである。これは，一般に，所得の帰属について，その名義または

法形式上帰属する者とその経済的実質を実際に享受する者とが異なる場合には，その形式にとらわれることなく，その実質に従って課税することを明らかにした規定であると説明されている。

（2）信託財産にかかる資産・負債・収入・支出の帰属

　信託財産に属する資産・負債ならびに信託財産に帰せられる収益・費用は，私法上は受託者のものである。しかしながら，法人税法上，信託の受益者は，当該信託財産に属する資産・負債を有するとみなし，かつ，当該信託財産に帰せられる収益・費用は受益者の収益・費用とみなして，この法律の規定を適用するとしている（法法12①）。受益者とは，受益者としての権利を現に有するものをいい，信託の変更をする権限を現に有し，かつ，当該信託の信託財産の給付を受けることとされている者をいう。すなわち，法人税法上，不動産管理等の一般的信託である受益者等課税信託については信託収益の発生時に受益者段階課税が行われることになる。

　ただし，法人が受託者となる集団投資信託，退職年金等信託または特定公益信託等の信託財産に属する資産・負債ならびに信託財産に帰せられる収益・費用は，当該法人の各事業年度の所得金額等の計算上，当該法人の資産・負債ならびに信託財産に帰せられる収益・費用ではないものとみなして，この法律を適用する（法法12③）。すなわち，信託収益の発生段階ではどの者に対しても課税は行われず，収益が受益者に分配された段階で受益者に課税されることとなる。

　なお，受益者等の存しない信託および法人が委託者となる一定の信託等の法人課税信託については，受託者の固有財産に帰属する所得とは区別して，受託者段階において受託者を納税義務者として信託収益に法人税が課される。

7．事業年度

（1）事業年度の意義

　事業年度とは，法人の財産および損益の計算の単位となる期間をいう。通常

の場合の事業年度は，法令，定款，寄附行為，規則，規約その他これらに準ずるものに定める会計期間をいい，この期間は1年を超えることはできない（法法13①）。

　しかし，法令または定款等に会計期間の定めがない場合には，一定の期限（普通法人にあっては設立の日から2カ月以内，公益法人・人格のない社団等にあっては収益事業を開始した日から2カ月以内，外国法人にあっては国内に恒久的施設を有することとなった日など一定の日から2カ月以内）までにこれを定めて税務署長に届出た営業年度等を事業年度とする（法法13②）。また，届出をすべき法人でその届出がなかった場合には所轄税務署長が指定した会計期間，および人格のない社団等については暦年（その年の1月1日から12月31日まで）を事業年度とする（法法13③④）。

　ただし，これらの期間が1年を超える場合は，当該期間をその開始の日以後1年ごとに区分した各期間（最後に1年未満の期間を生じたときは，その1年未満の期間）をいう（法法13①）。

（2）みなし事業年度

　事業年度は，原則としてそれぞれの法人が定めた会計期間によっている。しかし，次のような場合には，法人税の計算の便宜のため，法人の定めた会計期間に代わって法人税法上の一定の期間を1事業年度とみなすこととしている（法法14）。

①　解散の場合

　普通法人または協同組合等が事業年度の中途において解散（合併による解散を除く）した場合，その事業年度開始の日から解散の日までの期間および解散の日の翌日からその事業年度終了の日までの期間を1事業年度とみなす。

②　合併の場合

　法人が事業年度の中途において合併により解散した場合，その事業年度開始の日から合併の日の前日までの期間を1事業年度とみなす。

③　分割の場合

　法人が事業年度の中途において当該法人を分割法人とする分割型分割を行った場合，その事業年度開始の日から分割の日の前日までの期間および分割の日からその事業年度終了の日までの期間を1事業年度とみなす。

④　残余財産の確定の場合

　清算中の法人の残余財産が事業年度の中途において確定した場合，その事業年度開始の日から残余財産の確定の日までの期間を1事業年度とみなす。

⑤　清算中継続の場合

　普通法人または協同組合等で清算中のものが事業年度の中途において継続した場合，その事業年度開始の日から継続の日の前日までの期間および継続の日からその事業年度終了の日まで期間を1事業年度とみなす。

⑥　公益法人等が普通法人等に該当することになった場合等

　公益法人等が事業年度の中途において普通法人等に該当することとなった場合，期首からその該当することとなった日の前日までの期間，その該当することとなった日から期末までの期間をそれぞれ1事業年度とみなす。

⑦　グループ通算制度加入等の場合

　グループ通算子法人となる法人の事業年度の中途において最初のグループ通算親法人の事業年度が開始した場合，期首からその最初グループ通算親法人事業年度開始の日の前日までの期間を1事業年度とみなす。

（3）組織変更等があった場合の事業年度

　会社が会社法その他の法令の規定により組織変更等をした場合には，組織変更等前の会社は解散の登記をし，変更後の法人は設立の登記をすることになる。しかし，組織変更等は会社の解体・新会社設立という経済的ロスを避けるための法制度であって，かかる解散・設立の登記は形式的な手続に過ぎず，同一法人が存続するものと解されている。

　そこで，法人税法では，組織変更の場合はその解散・設立がなかったものとして取扱われ，事業年度は区分しないこととされている（基通1－2－2）。

（4）事業年度の変更

　法人がその定款等に定める会計期間を変更し，またはその定款等において新たに会計期間を定めた場合には，遅延なく，その変更前の会計期間および変更後の会計期間またはその定めた会計期間を納税地の所轄税務署長に届けなければならない（法法15）。

８．納税地

（1）納税地の意義

　納税地とは，納税者と国・地方公共団体との間の法律関係についての両者の結び付きを決定する基準となる場所をいう。すなわち，納税義務者の申告・申請・請求・届出・納付その他の行為の相手方となるべき税務行政庁および承認・更正・決定・徴収その他納税者に対する諸行為の行為主体となる権限を有する税務行政庁を決定する場合の基準となる地域的概念である。

　税務行政には，中央官庁として国税庁があり，その地方支部局として国税局がある。国税局のもとに全国に税務署がある。納税義務者は，その納税地を所轄する税務署または国税局に対して，法人税に関する申告，申請，届出，納付，異議申立等を行うことになり，更正・決定も所轄税務署長または国税局長の専管に属する。

（2）内国法人の納税地

　内国法人の法人税の納税地は，その本店または主たる事務所の所在地である（法法16）。

　法人の住所地は，会社の場合は本店の所在地とされ，会社以外の場合には主たる事務所の所在地にあるものとされている（民法50，会社法4）。また，法人の本店，支店または主たる事務所は，ともに定款の記載事項であり，登記事項でもある。

　通常，新たに設立した内国法人である普通法人または協同組合等は，その設

立の日から２カ月以内に，本店または主たる事務所の所在地，納税地，事業の目的および設立の日を記載した届出書に，その設立時の貸借対照表のほか定款・株主名簿等財務省令で定める書類を添付して，納税地の所轄税務署長に提出しなければならないことになっている（法法148①・法規63）。公益法人等や人格のない社団等の場合は，設立の時には届出を要しないが，新たに収益事業を開始した場合には，その開始した日以後２カ月以内に同様の届出をしなければならない（法法150・法規65①）。実際，内国法人の納税地は，この届出によって決まる。

　また，法人は，納税地に移動があった場合は，指定による移動を除いて，移動前の納税地および移動後の納税地を記載した書面をもって（法令18），移動前の納税地の所轄税務署長と移動後の納税地の所轄税務署長に届けなければならない（法法20）。

（3）外国法人の納税地

　外国法人の納税地は，次に掲げる外国法人の区分に応じてその場所が定められている（法法17・法令16）。

①　国内に恒久的施設を有する外国法人の納税地は，その外国法人が国内において行う事業についての事務所，事業所その他これらに準ずるものの所在地である。

②　国内に恒久的施設を有しない外国法人で不動産の貸付等の対価（船舶または航空機の貸付によるものを除く）を受けるものは，その対価を受ける資産の所在地（その資産が２以上ある場合には主たる資産の所在地）である。

③　①②に該当しない特殊な場合には，次のように納税地を定める。

　⑷　国内に恒久的施設を有しないことになり，かつ不動産の貸付等も行わなくなった場合は，その直前の場所が納税地となる。

　⑻　⑷の場合を除き，外国法人が国に対し，法人税に関する法律の規定に基づく申告，請求その他の行為をする場合，その外国法人が選択した場所（これらの行為が２以上ある場合には，最初にその行為をした際選択した場

所）を納税地とする。

(ハ) (イ)(ロ) の場合以外の場合には，麹町税務署の管轄区域内の場所を納税地
とする。

（4）納税地の指定

法人の本店所在地等の納税地が，事業または資産の状況からみて法人税の納
税地として不適当であると認められる場合には，その納税地の所轄国税局長
(他の国税局管内へ納税地を指定するときは国税庁長官）は，その法人の法人税の納
税地を指定することができる（法法18①)。

納税地は本店所在地等とするのが原則である。しかし，実際には，それが名
目だけであり，企業の活動の中心となっている工場等が納税地管轄区域以外に
あって，その所得の調査・処分等を納税地の所轄税務署で行うことが困難な場
合がある。そこで，調査・処分等を適正に実施できるように，その主たる活動
を行う工場等を納税地として指定するために設けられたものである。

納税地の指定は書面で通知し（法法18②)，その通知に異議がある法人は，
指定をした国税局長または国税庁長官に対して異議申立てをすることができる
（通法75①)。

なお，納税地の指定処分が後に異議申立てについての決定もしくは審査請求
または判決によって取り消されたとしても，指定された納税地においてなされ
た申告，申請，請求，届出，その他書類の提出および納付ならびに国税庁長官，
国税局長または税務署長の処分の効力には影響がない（法法19)。

練習問題

1．法人所得課税制度における法人税の性格について述べなさい。
2．法人税の納税義務者と課税所得の範囲について説明しなさい。
3．同族会社の意義と特別規定について述べなさい。
4．実質所得者課税の原則について述べなさい。
5．課税所得の計算単位である事業年度について述べなさい。

第 3 章

課税所得計算の基礎

1．課税所得金額

　法人税の課税標準（課税所得）は，各事業年度の所得の金額である（法法21）。そして，その各事業年度の所得の金額は，当該事業年度の益金の額から当該事業年度の損金の額を控除した金額であるとされる（法法22①）。すなわち，算式で示すと次のようになる。

　　　当該事業年度の益金の額－当該事業年度の損金の額＝課税所得金額

　このように法人税法上では，課税所得の概念を，課税所得の積極要因たる益金の額と課税所得の消極要因たる損金の額との差額概念と定義している。しかしながら，益金・損金の概念については，法人税法固有の概念であるけれども，積極的に定義していない。すなわち，益金については，益金の額に算入すべき金額は，別段の定めがあるものを除き，資本等取引以外のものに係る当該事業年度の収益の額と定め，損金については，損金の額に算入すべき金額は，別段の定めがあるものを除き，原価，費用，損失の額で資本等取引以外のものに係るものと定めているに過ぎない（法法22②③）。したがって，益金・損金の概念は，基本的に企業会計の収益・費用の概念によって基礎づけられることになる。このことは，1967（昭和42）年の税制改正に際して導入された，収益・原価・費用・損失については，一般に公正妥当と認められる会計処理の基準に従って計算されるものとするという規定（法法22④）により確認されるところである。

　このように法人税法の課税所得の計算は，基本的に企業会計の計算原理を前

提として，そこから算出される企業利益を税法の規定により修正して行われる
ものである。すなわち，課税所得は，基本的には期間損益計算理論を基本原理
とする益金・損金の概念による計算構造によって算出される所得である。

2．益金の概念

　法人の課税所得計算上の益金の概念は，資本等取引以外の純資産の増加原因
となる一切の経済的価値の増加額から構成されるものである。法人税法では，
各事業年度の所得の金額の計算上，当該事業年度の益金の額に算入すべき金額
について，別段の定めがあるものを除き，資産の販売，有償または無償による
資産の譲渡または役務の提供，無償による資産の譲受けその他の取引で資本等
取引以外のものに係る当該事業年度の収益の額と定めている。

　ここに収益とは，棚卸資産の販売の場合の売上高，役務提供の場合の収入を
意味するように，利益とは異なりグロスの概念として，収入金額に近い意味で
使われている。

（1）資産の販売に係る収益

　企業における主要な収益源泉となる棚卸資産たる商品，製品等の販売による
収益であって，売上高のことである。

（2）有償または無償による資産の譲渡に係る収益

　有価証券，固定資産等の譲渡による収益である。この譲渡とは，有償でも無
償でも経済的価値の移転があった場合をいう。

　有償による資産譲渡収益とは，譲渡資産の売却収入のことである。企業会計
においては，固定資産の譲渡の場合，売却収入と売却原価の差額を固定資産売
却損益として表示するが，税法では売却収入を益金の額に算入する。

　また，無償による資産譲渡すなわち資産贈与の場合にも，受贈者と同様に贈
与者である法人にも収益が生じたものとされる。これは，対価を受けることな

く所有資産を譲渡するのであるから，無償で譲り受けた者に収益（受贈益）が生ずることになるが，譲渡した側にもその資産の適正価額相当額の収益が生ずるということである。この理由は，一般に，無償譲渡は，有償譲渡を行った後その得た対価を相手方に無償で給付する場合と異ならないからであるとする有償取引同視説により説明されている。さらにこの論拠として，受贈者は一定の価値を受け取ったのであるから，その同一の価値が贈与者にも存在していなければならないのであって，贈与者にそれと同一の額の収益が発生しているとしなければならないという同一価値移転説がある。また，特に資産の無償譲渡の場合に述べられる，キャピタル・ゲイン課税説がある。これは，当該贈与資産について生じているキャピタル・ゲインを資産の移転の時点に認識すべきであるとするものである。

　また，資産の低額譲渡については，適正価額と対価との差額である低額とされる部分について収益が発生していると認定される。

（3）有償または無償による役務の提供に係る収益

　役務提供契約または金銭の貸付契約等による役務提供による収益であって，受取手数料，受取利息等である。役務の提供についても，資産の譲渡と同様に有償でも無償でも経済的利益の移転があったものとされる。

　有償による役務の提供の場合は，その役務提供に対する収入を収益として認識する。

　無償による役務の提供の場合は，資産の無償譲渡と同様に役務を提供したときに適正な価額により収益が生じたものとされる。たとえば，無利息貸付等の場合がこれに該当する。しかし，法人がその子会社等に対して金銭を無償または通常の利率よりも低い利率で貸し付けた場合において，その貸付が，たとえば業績不振の子会社等の倒産を防止するために緊急に行う資金の貸付けで，合理的な再建計画に基づくものである等，その無償または低い利率で貸し付けたことについて相当な理由があると認められるときは，その貸付は正常な取引条件に従って行われたものとされる（基通9－4－2）。

（4）無償による資産の譲受けに係る収益

資産を無償で取得した場合であって，その取得資産の適正な評価額をもって収益（受贈益）が発生したものとされる。

（5）その他の取引で資本等取引以外のものに係る収益

債務免除益，税法上認められている引当金の取崩益等が該当する。

3．損金の概念

法人の課税所得計算上の損金の概念は，別段の定めがあるものを除き，純財産の減少原因となる一切の経済的価値の減少額から構成されるものである。法人税法では，別段の定めがあるものを除き，次の額とする。

① 当該事業年度の収益に係る売上原価，完成工事原価その他これらに準ずる原価の額。

② ①のほか，当該事業年度の販売費，一般管理費その他の費用（償却費以外の費用で当該事業年度終了の日までに債務の確定しないものを除く）の額。

③ 当該事業年度の損失の額で資本等取引以外の取引に係るもの。

（1）売上原価等

当該事業年度の収益に対応する売上原価，完成品工事原価その他これらに準ずる原価であって，給付的な費用収益対応の原則を明らかにしたものである。売上原価については，企業会計と基本的に一致している。また完成品工事原価は，建設業における完成工事高に対応するものである。さらにその他これらに準ずる額というのは，たとえば譲渡収益に対応する譲渡原価，役務提供収益に対応する役務提供原価等である。

なお，売上原価等となるべき費用の額の全部または一部が当該事業年度終了の日までに確定していない場合には，同日の現況によりその金額を適正に見積るものとする。この場合において，その確定していない費用が売上原価等とな

るべき費用かどうかは，当該売上原価等に係る資産の販売もしくは譲渡，または役務の提供に関する契約の内容，当該費用の性質等を勘案して合理的に判断するのであるが，たとえその販売，譲渡または提供に関連して発生する費用であっても，単なる事後的費用の性格を有するものはこれには含まれない（基通2－1－1）。

（2）費　用

　当該事業年度の収益に対応する販売費・一般管理費等の費用であって，期間的な費用収益対応の原則を明らかにしたものである。

　この場合，特に当該事業年度終了の日までに債務の確定したものに限り損金算入が認められる。これを債務確定主義という。債務の確定とは，次の要件のすべてに該当するものをいう（基通2－2－12）。

① 　当該事業年度終了の日までに当該費用に係る債務が成立していること。
② 　当該事業年度終了の日までに当該債務に基づいて具体的な給付をすべき原因となる事実が発生していること。
③ 　当該事業年度終了の日までにその金額を合理的に算定することができるものであること。

　したがって，費用の見越計上や引当金の計上は，別段の定めがある場合を除き認められないことになる。すなわち，貸倒引当金，返品調整引当金は，債務の確定という要件からは認められないが，別段の定めによって税法上限定列挙方式により計上が認められているものである。

　償却費，すなわち減価償却費および繰延資産の償却費は，法人の内部取引に関するものであり，債務の確定という問題から除外されている。これは，費用収益対応の原則から所定の償却期間による原価配分によって決定されるものである。

（3）損　失

　当該事業年度の営業収益と給付的にも期間的にも直接に対応関係のない偶発

的な経済的価値の喪失をいう。これには，火災，震災，風水害，盗難，貸倒れ，為替変動等による損失が含まれる。

4．資本等取引

　各事業年度の所得の金額の計算においては，益金の額に算入すべき金額は，資本等取引以外の収益の額とされ，損金の額に算入すべき金額は，資本等取引以外のものに係る費用，損失の額とされる。したがって資本等取引から生ずる収益または損失は，益金または損金から除外されている。

　ここに資本等取引とは，法人の資本金等の額の増加または減少を生ずる取引および法人が行う利益または剰余金の分配（中間配当を含む）および残余財産の分配または引渡をいう（法法22⑤）。資本金等の額は，法人が株主等から出資を受けた金額をいい（法法2十六），次のような2つの源泉内容から成る。

（1）資本金等の増加・減少

　法人の資本金の額または出資の額と，下記の過去事業年度の加算項目の金額の合計額から減算項目の金額の合計額を減算した金額に，当該事業年度開始の日以後の加算項目の金額を加算し，同日以後の減算項目の金額を減算した金額との合計額とする（法令8）。

［加算項目］

① 　株式（出資を含む）の発行または自己の株式の譲渡をした場合の払込金額等から当該発行により増加した資本金額または出資金額を減算した金額

② 　新株予約権の行使によりその行使をした者に自己の株式を交付した場合の払込金額等および当該行使直前の当該新株予約権の帳簿価額の合計額から当該行使に伴う株式の発行による増加資本金額を減算した金額

③ 　取得条項付新株予約権についての取得の対価として自己の株式を交付した場合の当該法人の取得直前の当該取得条項付新株予約権の帳簿価額から当該取得に伴う株式の発行による増加資本金額を減算した金額

④ 協同組合等および企業組合・協業組合・農住組合等の法人が新たにその出資者となる者から徴収した加入金の額

⑤ 合併により移転資産および移転負債の純資産価額から当該合併による増加資本金額等を減算した金額

⑥ 分割型分割により移転資産および移転負債の純資産価額から当該分割型分割による増加資本金額等を減算した金額

⑦ 分社型分割により移転資産および移転負債の純資産価額から当該分社型分割による増加資本金額等を減算した金額

⑧ 適格現物出資により移転を受けた資産の現物出資法人の当該移転の直前の帳簿価額から当該適格現物出資により増加した資本金の額または出資金の額を減算した金額

⑨ 非適格現物出資により現物出資法人に交付した当該法人の株式の当該非適格現物出資の時の価額から当該非適格現物出資により増加した資本金の額または出資金の額を減算した金額

⑩ 適格事後設立により資産・負債の移転を受けた場合における帳簿価額修正益に相当する金額

⑪ 株式交換により移転を受けた株式交換完全子法人の株式の取得価額から当該株式交換による増加資本金額等を減算した金額

⑫ 株式移転により移転を受けた株式移転完全子法人の株式の取得価額から，当該株式移転の時の資本金の額および交付した当該法人の株式以外の資産の価額等の合計額を減算した金額

⑬ 資本金の額または出資金の額を減少した場合の減少金額

⑭ 財団または社団である医療法人の設立について贈与または遺贈を受けた金銭等の額

［減算項目］

① 会社法の準備金・剰余金の額を減少して資本金の額または出資金の額を増加した場合の増加金額または再評価積立金を資本に組み入れた場合の資本組入金額

② 分割法人の分割型分割（非適格分割型分割）の期末時の資本金等の額に分割移転割合（移転資産簿価－移転負債簿価／分割法人資産簿価－分割法人負債簿価）を乗じて計算した金額

③ 分割法人が適格分割型分割により分割承継法人に移転した期末時の資産の帳簿価額から負債の帳簿価額および利益積立金額を減算した金額

④ 適格事後設立により資産または負債の移転を受けた場合の帳簿価額修正損の金額

⑤ 資本の払戻し等に係る減資資本金額

⑥ 自己株式の取得等により金銭その他の資産を交付した場合の取得資本金額

⑦ 自己の株式の取得の対価相当額または時価相当額

（2）利益または剰余金の分配

　法人が確定した決算において利益または剰余金の処分により配当等としたものだけでなく，株主等に対し，その出資者たる地位に基づいて供与した一切の経済的利益を含むものである（基通1－5－4）。

（3）残余財産の分配又は引渡し

　2010（平成22）年度税制改正により清算所得課税制度が廃止され，清算中の法人にも各事業年度の所得に対して法人税が課されることになり，残余財産の分配又は引渡しからは資本等取引として損益は生じないこととした。

5．公正会計処理基準

（1）公正会計処理の意義

　法人の各事業年度の所得金額は，各事業年度の益金の額から当該事業年度の損金の額を控除した金額として計算される。ここに益金は収益を構成要素とし，損金は原価，費用，損失を構成要素とするものである。そして，その益金の額に算入すべき収益および損金の額に算入すべき原価，費用，損失は，「一

般に公正妥当と認められる会計処理の基準」(「公正会計処理基準」)に従って計算されるものとされている(法法22④)。

この規定は，1967(昭和42)年の法人税法の改正において導入されたものである。これは，法人の課税所得の計算が，収益，原価，費用，損失という企業会計の概念を構成要素とするものであるから，それらは企業が継続して適用する健全な会計慣行によって計算する旨の基本規定を設けるとともに，税法においては企業会計に関する計算原理規定は除外して，必要最小限度の税法独自の計算原理を規定することが適当であるという基本的見解を表明したものとされている。この規定の創設の背景には，課税所得は，本来，税法，通達という一連の別個の体系のみによって構成されるものではなく，税法以前の概念や原理を前提としているものであって，絶えず流動する社会経済事象を反映する課税所得については，税法に完結的にこれを規制するよりも，適切に運用されている会計慣行にゆだねることの方がより適当と思われる部分が相当多いという考え方があったといわれている。したがって，この規定の性格は，従来の税法の基本的な考え方を明確にしたのであって，創設的な規定と解すべきではなく，宣言的・確認的な規定と理解されなければならないとされている。

ところで「一般に公正妥当と認められる会計処理の基準」の内容については，法的に何ら説明するところがない。したがって，その基準が何を意味するかは条文の上からは不明である。そこで，企業会計の実務のなかに慣習として発達したもののなかから，一般に公正妥当と認められたところを要約したとされる企業会計審議会の「企業会計原則」を指すものであるという見解もないではない。しかし，「企業会計原則」は，それ自体がここで要求される「一般に公正妥当と認められる会計処理の基準」かどうかは疑問である。それゆえに，判例の積み重ねによって次第に客観的に決定されるものということになる。しかし，規定の内容が不明確であり，具体的な法令，ないしは原則を意味するものではなく，判例も確立していない状況においては，一般的に，これは，客観的，常識的にみて規範性がある会計処理の基準と理解されるにとどまることになろう。したがって，別段の定めをしていない場合，企業会計がそれに従っている

限り，それを課税所得の計算の上で認めていくということである。

（2）公正会計処理基準と不正行為等

　従来，ある支出が何らかの法的な判断において「違法」とされる場合，法人税法上，その支出の損金算入は，法人税法の趣旨・目的から許されず，その損金算入制限の根拠を「一般に公正妥当と認められる会計処理の基準」（「公正会計処理基準」）（法法22④）違反に求めていた（最（三小）1994（平成 6 ）年 9 月16日決定）。しかし，2006（平成18）年度税制改正により，不正行為等に係る費用等については，次のように明示された。

　法人が，その所得の金額もしくは欠損金額または法人税の計算の基礎となるべき事実の全部または一部を隠ぺいし，または仮装すること（隠ぺい仮装行為）によりその法人税の負担を減少させ，または減少させようとする場合には，その隠ぺい仮装行為に要する費用の額またはその隠ぺい仮装行為により生ずる損失の額は損金の額に算入されない（法法55①）。なお，法人が隠ぺい仮装行為によりその納付すべき法人税以外の租税の負担を減少させ，または減少させようとする場合についても準用される（法法55②）。

　また，法人が供与をする刑法第198条（贈賄）に規定する賄賂または不正競争防止法第18条第 1 項（外国公務員等に対する不正利益の供与等の禁止）に規定する金銭その他の利益に当たるべき金銭の額および金銭以外の資産の価額ならびに経済的な利益の額の合計額に相当する費用または損失の額（その供与に要する費用の額またはその供与により生ずる損失の額を含む）は損金の額に算入されない（法法55⑤）。

6 ．確定決算主義

（1）確定決算主義の意義

　法人が各事業年度の所得の金額を計算する場合，法人は，各事業年度終了の日の翌日から 2 カ月以内に，税務署長に対し，確定した決算に基づき次に掲げ

る事項を記載した申告書を提出しなければならないとしている（法法74①）。ここに「次に掲げる事項」とは，同規定が明確に示しているが，「確定した決算に基づき」という文言については税法では何ら説明していない。すなわち，「確定した決算」が何たるかについてこれを明らかにしていないのである。

しかしながら，一般に，「確定決算」は従来社会通念として「確定した商法（会社法）上の決算」と読みかえられ，法的には「確定した商法（会社法）上の決算」を指すものと理解されてきているのである。というのは，法人においては，株主総会の承認または社員総会の同意，その他これに準ずる機関の承認を受けたときに決算が確定するからであるとされる。そしてこの最終的に確定した決算は，当該法人の最高の意思を反映したものであって，このことは納税義務の内容を第一次的に納税義務者が確定するという申告納税制度の趣旨に合致することになるのである。

すなわち，一般に確定決算主義という場合には，法人税の確定申告は，原則として，株主総会の承認または社員総会の同意その他これに準ずる機関の承認を受けた決算上の確定決算利益を基礎として，それに税法上の規定により修正して課税所得を誘導計算しようとする考え方をいうのである。このような商法依存の課税所得の計算構造は，ドイツ税法においても税務貸借対照表は商法上作成される貸借対照表（商事貸借対照表）を前提とする「税務貸借対照表に対する商事貸借対照表の基準性の原則」として採用されている。これに対して，アメリカ内国歳入法では，原則として，課税所得の計算は企業会計とは分離された計算体系となっており，企業会計上の利益に拘束されることなく，申告書で調整する方式を採用している。

このいわゆる確定決算主義の原則が法人の課税所得計算において採用されている理由は，法人の公表確定決算利益を基礎として，それに税法上必要な修正だけを行った方が簡便であるなど経済的実践的な要請によるものであって，きわめて便宜主義的な思考によるものであるとされている。

なお，このように法人は確定した決算に基づいて申告書を提出しなければならないが，株主総会等の承認を受けていない決算書類に基づく申告書も常に不

適法となるものではない。すなわち，確定した決算に基づかない申告書を提出
しても申告書の効力には影響がないということである。これは，税法が株主総
会等の承認という形式的手続の要請を求めているものではなく，申告の正当性
を確保するために確定した決算によるべきことを要求しているからである。

（2）損金経理

　損金経理とは，法人がその確定した決算において費用または損失として経理
することをいう（法法 2 二五）。1965（昭和40）年の法人税法の全文改正の際新
設されたもので，確定決算主義を損金経理という表現によって具体的に定めた
とされる。

　法人の課税所得の金額は，当該事業年度の益金の額から損金の額を控除して
算定される。かかる計算の基礎となる会計取引には，取引金額が客観的な第三
者との間で行う取引たる外部取引と法人の意思により定まる内部取引に係るも
のがある。法人税法では，別段の定めがない限り，内部取引については，法人
の意思決定により決算において客観化された金額のみを唯一の基礎として，そ
れ以外の金額を基礎とすることを認めない。すなわち，原則として，損金経理
により確定決算において費用，または損失として経理した金額に限り，かつそ
の金額を限度として損金算入すべき金額の基礎とするのである。

　この損金経理を要件として損金算入が認められる内部取引には，減価償却資
産および繰延資産の償却費，圧縮記帳による圧縮額，引当金繰入額，準備金繰
入額等がある。

（3）税務調整

　課税所得の計算は，確定した会社法上の決算利益を基礎として，これに税法
が規定する事項により修正して行われる。この修正を一般に税務調整と呼んで
いる。これには，確定決算主義と関連して次のような決算調整と申告調整の 2
つの調整の問題がある。

　決算調整とは，課税所得計算において損金の額または益金の額に算入するた

めに，法人が決算の段階で確定した決算において原価，費用，損失あるいは収益として会計処理する手続をいう。

　申告調整とは，課税所得の計算において損金の額または益金の額に算入するために，法人が確定決算利益（当期利益）に次のような手続きにより加算・減算して所得金額を計算する手続をいう。

① 益金算入

　企業会計においては収益に該当しないが，課税所得の計算においては益金の額に算入すること。すなわち，確定決算利益の加算項目である。

② 益金不算入

　企業会計においては収益に該当するが，課税所得の計算においては益金の額に算入しないこと。すなわち，確定決算利益の減算項目である。

③ 損金算入

　企業会計においては原価，費用，損失に該当しないが，課税所得の計算上損金の額に算入すること。すなわち，確定決算利益の減算項目である。

④ 損金不算入

　企業会計においては原価，費用，損失に該当するが，課税所得の計算上損金の額に算入しないこと。すなわち，確定決算利益の加算項目である。

（4）決算調整

　決算調整する事項については，この適用を受けるか否かは法人の自由選択に任されている。しかし，この調整に関連する項目は，申告書上では調整することは認められない。これには次のようなものがある。

① 損金経理を要件として損金算入が認められる事項

　　減価償却資産の償却費の損金算入（法法31）

　　繰延資産の償却費の損金算入（法法32）

　　引当金繰入額の損金算入（法法52等）

　　など

② **損金経理のほか剰余金処分による場合も損金算入が認められる事項**

　　圧縮記帳による圧縮額の損金算入（法法42, 法令80, 措法64等）

　　特別償却準備金積立額の損金算入（措法52の3）

　　各種準備金積立額の損金算入（措法55等）

　　など

③ **所定の経理が要件とされる事項**

　　リース譲渡に係る延払基準（法法63）

　　長期大規模工事以外の工事に係る工事進行基準（法法64）

（5）申告調整

　申告調整する事項については，確定決算では調整する必要はないが，申告書上で調整することが認められる。これには次のようなものがある。

① **必須的申告調整事項**

　　減価償却資産の償却限度超過額の損金不算入（法法31等）

　　過大役員給与の損金不算入（法法34）

　　過大な使用人給与の損金不算入（法法36）

　　法人税額等の損金不算入（法法38）

　　引当金の繰入限度超過額の損金不算入（法法52等）

　　交際費等の損金不算入（措法61の4）

　　など

② **任意的申告調整事項**

　　受取配当等の益金不算入（法法23）

　　所得税額および外国税額の税額控除（法法68・69）

　　試験研究費の額が増加した場合等の法人税額の特別控除（措法42の4）

　　中小企業者等が機械等を取得した場合等の法人税額の特別控除（措法42の6）

　　など

練習問題

1．課税所得と企業利益の関係について概説しなさい。

2．課税所得計算における益金の概念について説明しなさい。

3．課税所得計算における損金の概念について説明しなさい。

4．公正会計処理基準の意義について説明しなさい。

5．課税所得の計算構造における確定決算主義について説明しなさい。

第4章

益金の会計

1．資産の販売等に係る収益計上に関する通則

（1）収益の計上単位

　資産の販売もしくは譲渡または役務の提供（資産の販売等）に係る収益の額は，原則として個々の契約ごとに計上する（基通2−1−1）。

　ただし，次のいずれかの要件を満たす場合には，次の単位ごとにその収益の額を計上することができる（基通2−1−1）。

① 同一の相手方と同時期に締結した複数の契約について，その複数の契約において約束した資産の販売等を組み合わせて初めて単一の履行義務となる場合

　　→複数の契約による資産の販売等の組み合わせ

② 一の契約の中に複数の履行義務が含まれている場合

　　→それぞれの履行義務に係る資産の販売等

（2）収益の認識時期

　「収益認識に関する会計基準」の導入を契機として，2018（平成30）年度の税制改正では法人税法22条の2が創設され，原則として，資産の販売等に係る収益の額はその資産の販売等に係る目的物の引渡しまたは役務の提供の日の属する事業年度の益金の額に算入することが明確化された（法法22の2①）。

　ただし，公正会計処理基準に従って，目的物の引渡しまたは役務の提供の日に近接する日の属する事業年度の収益として経理することも認められている（法法22の2②）。

このように法人税法22条の2が創設されたが，収益の認識時期については，従来の考え方を変更するものではない。

（3）収益の計上額

2018（平成30）年度の税制改正により，資産の販売等に係る収益の額として益金の額に算入する金額は，原則として，その販売もしくは譲渡をした資産の引渡しの時における価額またはその役務につき通常得べき対価の額に相当する金額とすることが明確化された（法法22の2④）。

この「販売もしくは譲渡をした資産の引渡しの時における価額またはその役務につき通常得べき対価の額」とは，原則として資産の販売等につき第三者間で取引されたとした場合に通常付される価額（時価）をいう（基通2－1－1の10）。

ただし，その引渡し時における価額または通常得べき対価の額は，貸倒れ（回収不能），または買戻し（返品）の可能性がある場合においても，その可能性はないものとした場合における価額とする（法法22の2⑤）。

2．一般販売収益

商品・製品等の棚卸資産の販売収益は，原則として，その引渡しがあった日の属する事業年度の益金の額に算入するという引渡基準を採用している（基通2－1－2）。

棚卸資産の引渡しの日がいつであるかについては，次のような計上基準があるが，棚卸資産の種類および性質，その販売に係る契約の内容等に応じ，その引渡しの日として合理的であると認められる日のうち，法人が継続してその収益計上を行うこととしている日によるものとする（基通2－1－2）。

一般販売収益の計上基準（引渡基準）

出荷基準	出荷した日
船積基準	船積みをした日
着荷基準	相手方に着荷した日
検収基準	相手方が検収した日
使用収益開始基準	相手方において使用収益ができることとなった日（機械，土地・建物等の不動産の販売など）

　なお，その棚卸資産が，土地（山林・原野など）または土地の上に存する権利であり，その引渡しの日がいつであるかが明らかでないときは，次に掲げる日のうちいずれか早い日にその引渡しがあったものとすることができる（基通2−1−2）。

① 　代金の相当部分（おおむね50％以上）を収受するに至った日
② 　所有権移転登記の申請（その登記の申請に必要な書類の相手方への交付を含む）をした日

3．特殊販売収益

(1) 委託販売

　委託販売とは，他人（受託者）に自己の商品の販売を依頼する販売形態をいう。委託販売では，委託者が受託者に商品を引き渡した後も商品の所有権は委託者にあり，商品を委託した時点で収益が実現したものとはいえない。したがって，この委託販売においては，原則として，受託者が委託商品を販売した日をもって収益を計上し，その事業年度の益金の額に算入することとされている。

　ただし，その委託品についての売上計算書が売上のつど（週，旬，月単位でよい）作成され送付されている場合において，法人が継続してその収益をその売上計算書が委託者に到達した日の属する事業年度の益金の額に算入しているときは，この処理が認められる（基通2−1−3）。

委託販売の収益計上基準

原　則	引渡基準	受託者が委託商品を販売した日
特　例	売上計算書 （仕切精算書） 到達基準	売上計算書が到着した日 （売上計算書が売上のつど作成され送付されてくる場合）

（2）試用販売

　試用販売とは，得意先に商品を引き渡して一定期間試用してもらい，得意先が買取りの意思を表示したときに売買が成立するという販売形態である。このような販売形態においては，得意先が買取りの意思を表示することによってはじめて売買が成立するため，商品の引渡しをもって収益を計上することはできず，得意先が買取りの意思を表示した日の事業年度の収益に計上することになる。

試用販売の収益計上基準

買取意思表示基準	得意先が買取りの意思を表示した日

（3）予約販売

　予約販売とは，相手先から代金の一部または全部を予約金として受領し，後日商品を引き渡す販売形態である。このような販売において授受される予約金は，一種の預り金（前受金）にすぎないため，予約金の受領をもって収益を計上することはできない。したがって，予約販売における収益は，商品を相手先に引き渡した日の属する事業年度において，その引渡しが完了した部分の金額だけを計上することになる。

予約販売の収益計上基準

引渡基準	商品等を引き渡した日

【例　題】

　次の一連の取引を仕訳しなさい。

1．A出版社は，発刊予定の雑誌の定期購読料（全12冊/1年間）として36,000
　　円を現金で受け取った。

2．同社は雑誌第1号を予約者に発送した。

＜仕　訳＞

1．予約金受取時　　（借）現　金　36,000円　　（貸）前受金　36,000円

2．発送時　　　　　（借）前受金　 3,000円　　（貸）売　上　 3,000円

（4）リース譲渡

　リース譲渡とは，リース取引のうちファイナンス・リースに該当するもので，その取引の目的となる資産（リース資産）の賃貸人から賃借人への引渡しをいう。リース譲渡については，リース資産の賃貸人から賃借人への引渡しのときにリース資産の売買があったものとされ，原則として，リース譲渡の日の属する事業年度において，リース譲渡に係る対価の額および原価の額を収益の額および費用の額として計上することとされている（法法64の2①）。

　ただし，特例として，以下の方法により収益の額および費用の額を計上することが認められている。

1）定額法による延払基準の方法

　リース譲渡の日の属する事業年度以後の各事業年度において，リース譲渡に係る対価の額および原価の額に賦払金割合を乗じて計算した金額を収益の額および費用の額とする（法法63①，法令124①一）。

　　収益の額 ＝ リース譲渡の対価の額 × 賦払金割合（※1）

　　費用の額 ＝ リース譲渡の原価の額（リース譲渡に要した手数料の額も含む）
　　　　　　　　　　　　　　　　× 賦払金割合（※1）

※1　賦払金割合 ＝ $\dfrac{\text{「当期中に支払期日の到来するものの合計額」}（※2）}{\text{リース譲渡の対価の額}}$

※2　「当期中に支払期日の到来するものの合計額」

$$= \begin{bmatrix} \text{当期中に支払} \\ \text{期日の到来し} \\ \text{たものの金額} \end{bmatrix} - \begin{bmatrix} \text{左のうち前期末} \\ \text{までに支払いを} \\ \text{受けた金額} \end{bmatrix} + \begin{bmatrix} \text{当期中に支払いを受} \\ \text{けた金額で翌期以後} \\ \text{に支払期日の到来す} \\ \text{るものの金額} \end{bmatrix}$$

2）利息法による延払基準の方法

譲渡対価の額を利息相当額と元本相当額に区分し，利息相当額は複利法により収益計上し，元本相当額はリース期間にわたって均等額を収益計上する。譲渡原価の額もリース期間にわたって均等額を費用計上する（法法63②，法令124①二）。

収益の額 ＝ 元本相当額（※1）× $\dfrac{\text{その事業年度における}}{\text{リース期間の月数}}$ ＋利息相当額（※2）
（分母：リース期間の月数）

費用の額 ＝ リース譲渡の原価の額 × $\dfrac{\text{その事業年度における}}{\text{リース期間の月数}}$
（分母：リース期間の月数）

※1　元本相当額 ＝ リース譲渡の対価の額 － 利息相当額
※2　元本相当額のうち支払期日未到来分の金額に応じて生じる，その事業年度におけるリース期間に帰せられる利息相当額

3）利息法による延払基準の方法（簡便法）

実務上算定が難しい利息相当額を，簡便的な方法として，譲渡対価の額から譲渡原価の額を控除した金額の100分の20に相当する金額として計算する（法令124③）。利息相当額の計算方法以外は，2）利息法による延払基準の方法と同じである。

収益の額 ＝ 元本相当額（※1）× $\dfrac{\text{その事業年度における}}{\text{リース期間の月数}}$ ＋利息相当額（※2）
（分母：リース期間の月数）

費用の額 ＝ リース譲渡の原価の額 × $\dfrac{\text{その事業年度における}}{\text{リース期間の月数}}$
（分母：リース期間の月数）

※ 1　元本相当額 ＝ リース譲渡の対価の額 － 利息相当額
※ 2　利息相当額 ＝（リース譲渡の対価の額 － リース譲渡の原価の額）
　　　　　　　　　×20％相当額

（5）商品引換券等の発行による販売

　法人が，商品券，ビール券，仕立券等の商品引換券等を発行した場合のその対価の額は，原則として，その商品の引渡し等に応じてその商品の引渡し等のあった日の属する事業年度の益金の額に算入する（基通 2 － 1 － 39）。

　ただし，引渡し未済分については，次の取扱いとする（基通 2 － 1 － 39）。

①　10年経過日等以後

　商品引換券等の発行の日から10年が経過した日（10年経過日等）の属する事業年度終了の時において商品の引渡し等を完了していない商品引換券等がある場合には，その商品引換券等に係る対価の額（すでに益金額に算入された部分の金額を除く）を当該事業年度の益金の額に算入する。

②　10年経過日等前

　10年経過日等前に次の事実が生じた場合で，その事実が生じた日の属する事業年度終了の時において商品の引渡し等を完了していない商品引換券等がある場合には，その商品引換券等に係る対価の額を当該事業年度の益金の額に算入する。

1．法人が発行した商品引換券等をその発行にかかる事業年度ごとに区分して管理しないこと，または管理しなくなったこと。
2．その商品引換券等の有効期限が到来すること。
3．法人が継続して収益計上を行うこととしている基準に達したこと。

　また，商品引換券等にかかる権利のうち相手方が行使しないと見込まれる部分の金額（非行使部分）があるときは，次の取扱いとする（基通 2 － 1 － 39の 2）。

①　10年経過日等の属する事業年度までの各事業年度

　非行使部分に係る対価の額に権利行使割合（相手方が行使すると見込まれる部

50 ‥‥‥‥◎

分の金額のうちに実際に行使された金額の占める割合をいう）を乗じて得た金額から
すでにこの取扱いに基づき益金の額に算入された金額を控除する方法その他の
これに準じた合理的な方法に基づき計算された金額を益金の額に算入すること
ができる。

（非行使部分に係る対価の額×権利行使割合（※））

$$-\text{前期末までに益金の額に算入された金額}$$

$$※権利行使割合＝\frac{\text{実際に行使された金額}}{\text{相手方が行使すると見込まれる部分の金額}}$$

② 10年経過日等の属する事業年度

非行使部分に係る対価の額のうち益金の額に算入されていない残額を益金の
額に算入する。

商品引換券等の発行による収益計上基準

引渡時収益計上法	商品の引渡し等のあった日 ただし，引渡し未済分，非行使部分がある場合は，10年経過日 など異なる。

【例　題】

次の一連の取引を仕訳しなさい。

1．A百貨店は，商品券200,000円を発行し，代金を現金で受け取った。
2．上記発行分のうち，発行した事業年度中に商品券150,000円は引き換えられた。
3．上記発行分のうち商品券50,000円は，発行の日から10年を経過した日の属する事業年度末においても未引換のままだった。

なお，A百貨店は，商品券を発行年度別に区分して管理している。

＜仕　訳＞

１．商品券発行時	（借）現　金	200,000円	（貸）商品券	200,000円
２．商品引換時	（借）商品券	150,000円	（貸）売　上	150,000円
３．10年経過日等の属する事業年度末	（借）商品券	50,000円	（貸）雑　益	50,000円

（6）自己発行ポイント等

1）収益の計上の単位

　法人が資産の販売等に伴い，ポイント等（ポイントまたはクーポンその他これらに類するもの）で将来の資産の販売等に際して相手方からの呈示があった場合には，その呈示のあった単位数等と交換に，その将来の資産の販売等に係る資産または役務について値引きして，または無償により販売もしくは譲渡または提供をすることとなるもの（その法人以外の者が運営するものを除く。自己発行ポイント等）を相手方に付与する場合（不特定多数の者に付与する場合に限る）において，次に掲げる要件の全てに該当するときは，継続適用を条件として，その自己発行ポイント等について当初の資産の販売等とは別の取引に係る収入の一部または全部の前受けとすることができる（基通２－１－１－７）。

① 　その付与した自己発行ポイント等が，当初資産の販売等の契約を締結しなければ相手方が受け取れない重要な権利を与えるものであること。

② 　その付与した自己発行ポイント等が，発行年度ごとに区分して管理されていること。

③ 　法人がその付与した自己発行ポイント等に関する権利につきその有効期限を経過したこと，規約その他の契約で定める違反事項に相手方が抵触したことその他の当該法人の責に帰さないやむを得ない事情があること以外の理由により一方的に失わせることができないことが，規約その他の契約において明らかにされていること。

④ 　次のいずれかの要件を満たすこと。

　（イ）　その付与した自己発行ポイント等の呈示があった場合に値引き等をする

52 ………◎

　　金額（ポイント等相当額）が明らかにされており，かつ，将来の資産の
　　販売等に際して，たとえ1ポイントまたは1枚のクーポンの呈示があっ
　　ても値引き等をすることとされていること。
（注）一定単位数等に達しないと値引き等の対象にならないもの，割引券およびスタン
　　プカードのようなものは自己発行ポイント等には該当しない。

　㈹　その付与した自己発行ポイント等が当該法人以外の者が運営するポイン
　　ト等または自ら運営する他の自己発行ポイント等で，㈶に該当するも
　　のと所定の交換比率により交換できることとされていること。
（注）その自己発行ポイント等の付与について別の取引に係る収入の一部または全部の
　　前受けとする場合には，当初資産の販売等に際して支払を受ける対価の額を，当
　　初資産の販売等に係る引渡し時の価額等と，その自己発行ポイント等に係るポイ
　　ント等相当額とに合理的に割り振る。

2）収益の帰属の時期

　前受けとした額は，将来の資産の販売等に際して値引き等（自己発行ポイン
ト等に係る将来の資産の販売等を他の者が行うこととなっている場合におけるその自己
発行ポイント等と引換えにする金銭の支払を含む）をするに応じて，その失効をす
ると見積もられる自己発行ポイント等も勘案して，その値引き等をする日の属
する事業年度の益金の額に算入する（基通2−1−39の3）。
　その自己発行ポイント等の付与の日から10年が経過した日（同日前に次に掲
げる事実が生じた場合には，その事実が生じた日）の属する事業年度終了の時にお
いて行使されずに未計上となっている自己発行ポイント等がある場合には，そ
の自己発行ポイント等に係る前受けの額をその事業年度の益金の額に算入する
（基通2−1−39の3）。
① 法人が付与した自己発行ポイント等をその付与に係る事業年度ごとに区分
　　して管理しないことまたは管理しなくなったこと。
② その自己発行ポイント等の有効期限が到来すること。
③ 法人が継続して収益計上を行うこととしている基準に達したこと。

自己発行ポイント等の収益計上基準

値引時収益計上法	値引き等をした日 ただし，非行使部分がある場合は，10年経過日など異なる。

4．役務の提供に係る収益

（1）役務の提供に係る収益の通則

　役務の提供に係る収益の額は，その役務の提供の日の属する事業年度の益金の額に算入する（法法22の2①）。具体的には次のとおりである。

1）履行義務が一定の期間にわたり充足されるもの

　その履行に着手した日から引渡し等の日までの期間において履行義務が充足されていくそれぞれの日が役務の提供の日に該当し，その収益の額は，その履行義務が充足されていくそれぞれの日の属する事業年度の益金の額に算入される（基通2－1－21の2）。

　この「引渡し等の日」とは，物の引渡しを要する取引にあってはその目的物の全部を完成して相手方に引き渡した日をいい，物の引渡しを要しない取引にあってはその約した役務の全部を完了した日をいう（基通2－1－21の2）。

　なお，履行義務が一定の期間にわたり充足されるものとは，次のいずれかの要件を満たすものである（基通2－1－21の4）。

①　取引における義務を履行するにつれて，相手方が便益を享受すること。

②　取引における義務を履行することにより，資産が生じ，または資産の価値が増加し，その資産が生じ，または資産の価値が増加するにつれて，相手方がその資産を支配すること。

③　次の要件のいずれも満たすこと。

　㈤　取引における義務を履行することにより，別の用途に転用することができない資産が生じること。

　㈥　取引における義務の履行を完了した部分について，対価の額を収受する強制力のある権利を有していること。

上記(イ)については，例えば，清掃サービスなどの日常的または反復的なサービスがこれに該当する。上記(ロ)の資産を支配することとは，その資産の使用を指図し，その資産からの残りの便益のほとんどすべてを享受する能力（他の者がその資産の使用を指図してその資産から便益を享受することを妨げる能力を含む）を有することをいう。

また，履行義務が一定の期間にわたり充足されるものに係る収益の額については，次のように規定されている。

履行に着手した日の属する事業年度から引渡し等の日の属する事業年度の前事業年度までの各事業年度の所得の金額の計算上益金の額に算入する収益の額は，別に定めるものを除き，提供する役務につき通常得べき対価の額に相当する金額にその各事業年度終了の時における履行義務の充足に係る進捗度を乗じて計算した金額から，その各事業年度前の各事業年度の収益の額とされた金額を控除した金額とする（基通2－1－21の5）。

履行義務が一定の期間にわたり充足されるものに係る収益の額
　＝通常得べき対価の額×当期末の履行義務の充足に係る進捗度
　　－前期までに計上した収益の額

2）履行義務が一時点で充足されるもの

役務の提供のうち履行義務が一定の期間にわたり充足されるもの以外のもの（履行義務が一時点で充足されるもの）については，その引渡し等の日が役務の提供の日に該当し，その収益の額は，引渡し等の日の属する事業年度の益金の額に算入される（基通2－1－21の3）。

（2）請負収益

請負とは，当事者の一方（請負人）がある仕事の完成を約し，相手方（注文者）がその仕事の結果に対して報酬を支払うことを約する契約（請負契約）である（民法632）。請負には，建設，土木工事，造船等の目的物の引渡しを要する請負契約と，運送事業，広告，放送，設計管理等の物の引渡しを要しない請

負契約とがある。その請負人の報酬請求権は，仕事の目的物の引渡しと同時に発生し，物の引渡しを要しない場合は仕事の完了時に発生する（民法633）。

1）完成基準

　請負収益の額は，物の引渡しを要する請負契約にあってはその目的物の全部を完成して相手方に引き渡した日，物の引渡しを要しない請負契約にあってはその約した役務の全部を完了した日の属する事業年度の益金の額に算入する（基通2−1−21−7）。これを完成基準という。完成基準は，請負収益の原則的計上基準であり，民法の報酬請求権の発生時期に関する考え方（民法633）に準拠したものとされている。

　なお，請負契約の内容が建設，造船その他これらに類する工事である場合，その建設工事等の引渡しの日がいつであるかについては次のような基準があるが，建設工事等の種類および性質，契約の内容等に応じ，その引渡しの日として合理的であると認められる日のうち，法人が継続してその収益計上を行うこととしている日によるものとする（基通2−1−21の8）。

建設工事等の収益計上基準（工事完成基準）

作業結了基準	作業を結了した日
受入場所搬入基準	相手方の受入場所へ搬入した日
検収完了基準	相手方が検収を完了した日
管理権移転基準	相手方において使用収益ができることとなった日

2）部分完成基準

　建設工事等のなかには建設工事等の目的物の全部が完成しない場合でも，その一部が完成し引き渡すことによって工事代金を受領する旨の特約または慣習がある場合がある。このような場合には，その建設工事等の全部が完成しないときにおいても，その事業年度において引き渡した建設工事等の量または完成した部分に区分した単位ごとにその収益の額を計上することとされている（基通2−1−1の4）。このように個々の部分の完成および引渡しのつど，収益を計上する方法を部分完成基準といい，工事完成基準の一形態として考えられて

いる。

　この基準の適用を受けるものとしては，次のような場合がある（基通2－1－9）。

①　一の契約により同種の建設工事等を多量に請け負ったような場合で，その引渡量に従い工事代金を収入する旨の特約または慣習がある場合。

②　1個の建設工事等であっても，その建設工事等の一部が完成し，その完成した部分を引き渡したつど，その割合に応じて工事代金を収入する旨の特約または慣習がある場合。

　上記①については，たとえば，1つの契約で30戸の建売住宅の建設を請け負う場合において，完成した住宅1戸ごとに引渡しが行われ，その工事代金が支払われる旨の特約または慣習がある場合などがある。

　上記②については，例えば10キロメートルの道路舗装工事を請け負う場合において，完成した1キロメートルごとに引渡しが行われ，その工事代金が支払われる旨の特約または慣習がある場合などがある。

3）工事進行基準

　請負収益の計上は，原則として完成基準によらなければならない。しかし，長期の請負工事等に工事完成基準を適用した場合，工事期間中には収益は計上されず，完成時点で一時に多額の収益が計上されるというような不合理な結果を招くことになる。

　そこで，法人税法では，工事完成基準と工事進行基準の選択適用が認められており，一定の要件を満たす長期大規模工事については，工事進行基準が強制適用される（法法64，法令129）。

①　長期大規模工事の意義

　工事進行基準の適用が強制される長期大規模工事とは，次の要件に該当する工事（製造およびソフトウェアの開発を含む）をいう（法法64，法令129）。

㈤　工事着手日から目的物の引渡しの期日までの期間（工事期間）が1年以上であること。

㈣　請負の対価の額が10億円以上であること。

(ハ)　契約において，請負の対価の額の2分の1以上が目的物の引渡しの期日から1年経過後に支払われることが定められていないこと。

②　工事進行基準の方法

工事進行基準の方法とは，工事の着工事業年度から完成事業年度までの各事業年度において，工事の進行割合に応じて工事収益および工事費用を見積り計上する方法であって，これを算式で示すと次のようになる（法令129③）。

(イ)　工事期間中の各事業年度

収益の額＝(請負対価の額×工事進行割合(※))－前期までに計上した収益の額

$$\text{費用の額} = \left(\text{期末の現況による工事原価の見積額} \times \text{工事進行割合(※)}\right) - \text{前期までに計上した費用の額}$$

$$\text{※工事進行割合} = \frac{\text{すでに支出した実際工事原価の合計額}}{\text{期末の現況による工事原価の見積額}}$$

（注）工事進行割合については，上記計算方法以外に工事の進行度合を示すものとして合理的な割合があれば，その割合を用いることも認められる。

(ロ)　引渡事業年度

収益の額＝請負対価の額－前期までに計上した収益の額

費用の額＝確定工事原価の額－前期までに計上した費用の額

工事（追加工事を含む）の請負対価の額がその事業年度終了時において確定していない場合には，その時の現況により見積もられる工事原価の額をその請負対価の額とみなして収益を計上する（法令129④）。

なお，長期大規模工事であっても，その事業年度終了時において，工事着手の日から6カ月を経過していないものまたは工事進行割合が20％未満であるものについては，工事進行基準の適用を見送ることができる（法令129⑥）。

③　長期大規模工事以外の工事の請負収益

長期大規模工事以外の工事でその目的物の引渡しが着工事業年度後の事業年度において行われるものについては，工事完成基準と工事進行基準のいずれか

の選択適用が認められる。

請負工事の収益計上基準（原則：工事完成基準）

長期大規模工事		工事進行基準（強制適用）
長期大規模工事以外の工事	2事業年度以上にわたるもの	工事完成基準
		工事進行基準（選択適用）
	上記以外のもの	工事完成基準

【例　題】

　A建設会社（決算期3月末）における工事請負契約および工事の進行状況は次のとおりである。各事業年度において計上すべき損益の額を計算しなさい。

1．着 工 日　　　×1年10月15日
2．引渡期限　　　×4年3月31日
3．請負対価の額　300億円
4．各期における工事進行状況

　　なお，×4年2月21日に目的物を引き渡し，報酬額の支払いも完了している。

	×2年3月期	×3年3月期	×4年3月期
工事原価の見積額	200億円	210億円	―
実際工事原価の合計額	60億円	140億円	230億円

<解　答>

① 工事期間　　　1年以上
② 請負対価の額　10億円以上
③ 契約において，請負対価の額の2分の1以上が目的物の引渡日から1年経過後に支払われる旨定められていない。

　①～③の3つの要件を満たす長期大規模工事に該当するので，工事進行基準を適用しなければならない。

（1）×2年3月期

　　収益の額　$300 \text{億円} \times \dfrac{60 \text{億円}}{200 \text{億円}} = 90 \text{億円}$

　　費用の額　$200 \text{億円} \times \dfrac{60 \text{億円}}{200 \text{億円}} = 60 \text{億円}$

　　利益の額　$90 \text{億円} - 60 \text{億円} = \underline{\underline{30 \text{億円}}}$

（2）×3年3月期

　　収益の額　$300 \text{億円} \times \dfrac{140 \text{億円}}{210 \text{億円}} - 90 \text{億円} = 110 \text{億円}$

　　費用の額　$210 \text{億円} \times \dfrac{140 \text{億円}}{210 \text{億円}} - 60 \text{億円} = 80 \text{億円}$

　　利益の額　$110 \text{億円} - 80 \text{億円} = \underline{\underline{30 \text{億円}}}$

（3）×4年3月期

　　収益の額　$300 \text{億円} - (90 \text{億円} + 110 \text{億円}) = 100 \text{億円}$

　　費用の額　$230 \text{億円} - (60 \text{億円} + 80 \text{億円}) = 90 \text{億円}$

　　利益の額　$100 \text{億円} - 90 \text{億円} = \underline{\underline{10 \text{億円}}}$

（3）運送業における運送収益

　運送業における運送収益の額は，原則としてその運送に係る役務の提供を完了した日の属する事業年度の益金の額に算入する（基通2－1－21の11）。

　ただし，法人が，運送契約の種類，性質，内容等に応じ，次に掲げるような方法のうち，その運送収入に係る収益の計上基準として合理的であると認められる方法を採用し，継続してその収益計上を行っている場合には，これを認めることとする（基通2－1－21の11）。

運送収益の計上基準

原　　則	運送による役務の提供をした日	
特　　例	発売日基準 または集金基準	乗車券，乗船券，搭乗券等を発売した日 自動販売機によるものについては，その集金をした日
	積切出帆基準	船舶，航空機等が積地を出発した日
	航海完了基準	1つの航海に通常要する期間がおおむね4カ月以内である場合において，一航海を完了した日
	2以上の法人が運賃の交互計算または共同計算を行っている場合において，交互計算または共同計算により運賃の配分が確定した日	
	滞船料の額が確定した日	

5．売上収益の修正等

（1）変動対価

　資産の販売等に係る契約の対価について，値引き等の事実（値引き，値増し，割戻しその他の事実をいい，貸倒れおよび買戻しを除く）により変動する可能性がある部分の金額（変動対価）については，引渡し等事業年度の引渡し時の価額等の算定に反映するものとされている（基通2－1－1の11）。

　企業会計では，顧客と約束した対価のうち変動する可能性のある部分の金額を変動対価としているが，法人税法では，資産の販売等に係る契約の対価について，値引き，値増し，割戻しその他の事実（貸倒れおよび買戻しを除く）により変動する可能性がある部分の金額を変動対価としており，その範囲が異なる。

（2）値引き，値増し，割戻し等

　資産の販売等に係る契約の対価について，値引き，値増し，割戻しその他の事実（値引き等の事実）により変動する可能性がある部分の金額（変動対価）がある場合において，次に掲げる要件をすべて満たすときは，②により算定される変動対価について，収益の額を減額または増額して経理した金額は，引渡

し等事業年度の引渡し時の価額等の算定に反映するものとされている（基通
2－1－1の11）。

①　値引き等の事実の内容および値引き等の事実が生ずることにより契約対
　　価の額から減額もしくは増額をする可能性のある金額またはその金額の
　　算定基準（客観的なものに限る）が，その契約もしくは法人の取引慣行も
　　しくは公表した方針等により相手方に明らかにされていることまたはそ
　　の事業年度終了の日において内部的に決定されていること。

②　過去における実績を基礎とする等合理的な方法のうち，法人が継続して
　　適用している方法により，①の減額もしくは増額をする可能性または算
　　定基準の基礎数値が見積もられ，その見積もりに基づき収益の額を減額
　　し，または増額することとなる変動対価が算定されていること。

③　①を明らかにする書類および②の算定の根拠となる書類が保存されてい
　　ること。

　売上割戻しとは，一定の期間に多額または多量の取引をした相手先に対する
売上金の返礼額等をいう。なお，販売した棚卸資産に係る売上割戻しについて，
上記の取扱いを適用しない場合には，その売上割戻しの金額をその通知または
支払をした日の属する事業年度の収益の額から減額する（基通2－1－1－
12）。

（3）仕入割戻し

　購入した棚卸資産に係る仕入割戻しの金額の計上の時期は，次の区分に応じ，
次に掲げる事業年度とする（基通2－5－1）。

①　その算定基準が購入価額又は購入数量によっており，かつ，その算定基
　　準が契約その他の方法により明示されている仕入割戻し
　　　→購入した日の属する事業年度

②　①以外の仕入割戻し
　　　→その仕入割戻しの金額の通知を受けた日の属する事業年度

　売上割戻しに対応する仕入割戻しについては，現実に支払（買掛金等への充

当を含む）を受けた日の属する事業年度の仕入割戻しとして取り扱う。ただし，法人が棚卸資産を購入した日の属する事業年度または相手方から通知を受けた日の属する事業年度の仕入割戻しとして経理している場合には，これを認める。

　なお，法人が仕入割戻しを計上しなかった場合には，その仕入割戻しの金額は，その事業年度の総仕入高から控除しないで益金の額に算入する（基通2－5－3）。

6．有価証券の譲渡損益と期末評価

（1）有価証券の範囲

　税法上における有価証券とは，金融商品取引法第2条第1項に規定する有価証券その他これに準ずるもので次のものをいう（法法2二十一，法令11）。

1）金融商品取引法第2条に規定する有価証券

① 国債証券

② 地方債証券

③ 特別の法律により法人の発行する債券（農林債券，商工債券等）

④ 資産流動化法に規定する特定社債券

⑤ 社債券

⑥ 特別の法律により設立された法人（日本銀行等）の発行する出資証券

⑦ 協同組織金融機関の優先出資証券

⑧ 資産流動化法に規定する優先出資証券または新優先出資引受権を表示する証券

⑨ 株券または新株予約権証券

⑩ 投資信託および投資法人に関する法律に規定する投資信託または外国投資信託の受益証券

⑪ 投資信託および投資法人に関する法律に規定する投資証券もしくは投資法人債券または外国投資証券

⑫　貸付信託の受益証券

⑬　資産流動化法に規定する特定目的信託の受益証券

⑭　信託法に規定する受益証券発行信託の受益証券

⑮　法人が事業に必要な資金を調達するために発行する約束手形のうち一定のもの（コマーシャル・ペーパー）

⑯　抵当証券

⑰　外国または外国の者の発行する証券または証書で上記①〜⑨または⑫〜⑯に掲げる証券または証書の性質を有するもの

⑱　外国の者の発行する証券または証書で銀行業を営む者その他の金銭の貸付けを業として行う者の貸付債権を信託する信託の受益権またはこれに類する権利を表示するもののうち一定のもの

⑲　一定のオプションを表示する証券または証書

⑳　上記①〜⑲の証券または証券の預託を受けた者がその証券または証書の発行された国以外の国において発行する証券または証書で，その預託を受けた証券または証書に係る権利を表示するもの

㉑　譲渡性預金の預金証書のうち外国法人が発行するものおよび一定の学校債

2）法人税法施行令11条に規定する有価証券に準ずるもの

①　1）の①から⑮および⑰に掲げる有価証券に表示されるべき権利で有価証券が発行されていないもの

②　譲渡性預金証書に表示される金銭債権

③　合名会社，合資会社または合同会社の社員の持分，協同組合等の組合員または会員の持分その他法人の出資者の持分

④　株主または投資主となる権利，優先出資者となる権利，特定社員または優先出資社員となる権利その他法人の出資者となる権利

（2）有価証券の区分

税法上では，有価証券の取得目的等に応じて，次のように区分する（法令

119の2②・119の12)。

＜売買目的有価証券＞

　短期的な価格変動を利用して利益を得る目的で取得した有価証券のうち，次に掲げるもの。

① 短期売買目的で行う取引に専ら従事する者が，短期売買目的でその取得の取引を行った有価証券

② その取得の日において短期売買目的で取得したものである旨を帳簿書類に記載した有価証券

③ 金銭の信託（集団運用信託等を除く）の信託財産となる金銭を支出した日において，その信託財産として短期売買目的の有価証券を取得する旨を帳簿書類に記載したもののその信託財産に属する有価証券

＜満期保有目的等有価証券＞

　売買目的有価証券以外の有価証券のうち，次に掲げるもの。

① 償還期限の定めのある有価証券のうち，その償還期限まで保有する目的で取得し，かつ，その取得の日においてその旨を帳簿書類に記載した有価証券

② 企業支配株式等

　　法人の特殊関係株主等がその法人の発行済株式の総数または出資金額（発行法人が有する自己株式等を除く）の20％以上の数または金額の株式または出資を有する場合における，その特殊関係株主等の有するその法人の株式または出資

＜その他有価証券＞

　売買目的有価証券，満期保有目的等有価証券以外の有価証券

（3）有価証券の譲渡損益の計上時期

　有価証券を譲渡した場合には，その譲渡に係る譲渡利益額または譲渡損失額は，原則としてその譲渡に係る契約をした日（約定日）の属する事業年度の益金の額または損金の額に算入する（法法61の2①）。

　2000（平成12）年度の税制改正前においては，有価証券の譲渡損益の額は原則として有価証券の引渡しがあった日の属する事業年度の益金の額または損金の額に算入されることとされ，引渡基準を原則としていた（旧基通2－1－22）。しかし，有価証券取引の性質，金融商品取引の複雑化などを理由として，2000（平成12）年度の税制改正では，有価証券の譲渡損益の額は原則としてその譲渡に係る契約の成立した日の属する事業年度の益金の額または損金の額に算入されることとされ，約定日基準に変更された。

　この約定日がいつであるかについては，有価証券の譲渡形態に応じてそれぞれ次に掲げる日となる（基通2－1－22）。

有価証券の譲渡損益の計上時期（約定日基準）

証券業者等に売却の媒介等を委託している場合	その取引が成立した日
相対取引の場合	その相対取引の約定が成立した日
その法人の有していた株式を発行した法人の合併	合併の効力を生ずる日 （新設合併の場合は，新設合併設立法人の設立登記の日）
その法人の有していた株式を発行した法人の分割型分割	分割の効力を生ずる日 （新設分割の場合は，新設分割設立法人の設立登記の日）
株式交換または株式移転の場合	株式交換の効力を生ずる日または株式移転完全親法人の設立登記の日

　このように，有価証券の譲渡損益の計上は原則として約定日基準によることとされているが，有価証券の分類区分（売買目的有価証券，満期保有目的等有価証券，その他有価証券）に応じて譲渡損益の額を計上していることや継続適用等を条件として，引渡基準によることも認められている（基通2－1－23）。

有価証券の譲渡損益の計上時期

原　　則	約定日基準	契約をした日
特　　例	引渡基準	引渡しのあった日

（4）有価証券の譲渡損益の計算

　有価証券の譲渡利益額または譲渡損失額は，譲渡対価の額（みなし配当がある場合にはその金額を控除した金額）から譲渡原価の額を控除して計算する（法法61の2①）。

有価証券の譲渡損益の額 ＝ 譲渡対価の額 － 譲渡原価の額

1）有価証券の譲渡対価

　有価証券の譲渡対価の額は，有価証券の譲渡の時における有償による譲渡により通常得べき対価の額をいい，みなし配当がある場合には，そのみなし配当の額を控除した金額となる（法61の2①）。

2）有価証券の譲渡原価の計算

　有価証券の譲渡原価の額は，その有価証券について法人が選定した1単位当たりの帳簿価額に，その譲渡をした有価証券の数を乗じて計算した金額である。

譲渡原価の額 ＝ 1単位当たりの帳簿価額 × 譲渡した有価証券の数

　ここで，1単位当たりの帳簿価額とは，有価証券を売買目的有価証券，満期保有目的等有価証券およびその他有価証券のいずれかに区分した上で，かつその種類ごとに移動平均法または総平均法（いずれも原価法）により算出することとされている（法令119の2①）。その2つの方法とは次のとおりである。

①　移動平均法

　有価証券をその銘柄の異なるごとに区別し，その銘柄を同じくする有価証券を取得するつど，その有価証券の取得直前の帳簿価額とその取得をした有価証券の取得価額との合計額を，これらの有価証券の総数で除して平均単価を算出し，その算出した平均単価をもってその1単位あたりの帳簿価額とする方法である。

$$1単位当たりの帳簿価額 = \frac{\begin{matrix}取得直前の\\有価証券の帳簿価額\end{matrix} + \begin{matrix}新たに取得した\\有価証券の取得価額\end{matrix}}{\begin{matrix}取得直前の\\有価証券の数\end{matrix} + \begin{matrix}新たに取得した\\有価証券の数\end{matrix}}$$

② 総平均法

　有価証券をその銘柄の異なるごとに区別し，その銘柄の同じものについて，その事業年度開始の時において所有していたその有価証券の帳簿価額とその事業年度において取得をしたその有価証券の取得価額の総額との合計額をこれらの有価証券の総数で除して平均単価を算出し，その算出した平均単価をもってその1単位当たりの帳簿価額とする方法である。

$$1単位当たりの帳簿価額 = \frac{\begin{matrix}期首における\\有価証券の帳簿価額\end{matrix} + \begin{matrix}期中に取得した\\有価証券の取得価額\end{matrix}}{\begin{matrix}期首における\\有価証券の数\end{matrix} + \begin{matrix}期中に取得した\\有価証券の数\end{matrix}}$$

　ただし，法人がその算出方法を選択しなかった場合は，原則として移動平均法（法定算出方法）により算出することとされている（法法61の2①二）。

【例　題】

　A株式会社（決算期12月末）のB株式（売買目的外有価証券）の所有状況は次のとおりである。移動平均法および総平均法により期末における1株当たりの帳簿価額と売却した有価証券の譲渡原価の額を計算しなさい。

日　付	適　用	取得株数	単　価	売却株数
1月1日	前期繰越	300株	800円	―
6月20日	購　入	200株	1,000円	―
9月11日	売　却	―	1,100円	100株
11月13日	増資払込	100株	700円	―

＜解　答＞

（1）移動平均法

6月20日　　1株当たりの帳簿価額 $= \dfrac{240,000円＋200,000円}{300株＋200株} = @880円$

　　　　　　残高　500株　@880円　440,000円

9月11日　　売却時の譲渡原価の額　880円×100株＝88,000円

　　　　　　残高　400株　@880円　352,000円

11月13日　　1株当たりの帳簿価額 $= \dfrac{352,000円＋70,000円}{400株＋100株} = @844円$

　　　　　　　　　期末における1株当たりの帳簿価額　　　844円

　　　　　　　　　売却した有価証券の譲渡原価の額　　88,000円

（2）総平均法

　　　　1株当たりの帳簿価額 $= \dfrac{240,000円＋200,000円＋70,000円}{300株＋200株＋100株} = @850円$

　　　　売却した有価証券の譲渡原価の額　@850円×100株＝85,000円

　　　　　　　　　期末における1株当たりの帳簿価額　　　850円

　　　　　　　　　売却した有価証券の譲渡原価の額　　85,000円

３）有価証券の取得価額

　有価証券の譲渡損益の額は，譲渡対価の額から譲渡原価の額を控除して計算するが，譲渡原価の額の計算を行う際の1単位当たりの帳簿価額は，有価証券の取得価額を基礎として計算される。有価証券の取得形態はさまざまであるため，その取得方法に応じて取得価額の計算方法が次のように定められている（法令119①）。

有価証券の取得価額

購入した有価証券	購入代価 ＋ 取得のために要した費用
金銭の払込みによる有価証券	払込金額 ＋ 取得のために要した費用
無償交付により取得した有価証券	ゼロ
有利発行による払込み等により取得した有価証券	取得のために通常要する価額（払込期日における時価）
合併による交付で一定のもの	合併直前の被合併法人（旧株）の帳簿価額 ＋ みなし配当金額 ＋ 交付を受けるために要した費用
分割型分割による交付で一定のもの	分割直前の分割法人（旧株）の帳簿価額 × 一定の割合 ＋ みなし配当金額 ＋ 交付を受けるために要した費用
適格分社型分割または適格現物出資による交付	分割または現物出資の直前の移転資産の帳簿価額 － 移転負債の帳簿価額
株式交換または株式移転により受け入れた有価証券	受入価額 ＋ 受入のために要した費用
その他の方法で取得した有価証券（たとえば，贈与，交換，代物弁済等）	取得のために通常要する価額（取得時の時価）

【例　題】

A株式会社の次の取引について，それぞれ仕訳するとともに1株当たりの取得価額を計算しなさい。

1．証券会社からB株式2,000株（売買目的有価証券）を1株100円で購入し，1株当たり3円の購入手数料を現金で支払った。

2．B株式の増資に際して第三者割当てにより1,000株（その他有価証券）を1株80円で引き受け，現金を払い込んだ。なお，B株式の払込期日における時価は1株当たり130円であり，株主総会の特別決議を経た有利発行である。

70 ………◎

＜仕 訳＞

（1）（借）売買目的有価証券 206,000円 （貸）現 金 206,000円

　　　　1株当たりの取得価額 <u>103円</u>

（2）（借）その他有価証券 130,000円 （貸）現 金 80,000円

　　　　　　　　　　　　　　　　　　　　受贈益 50,000円

　　　　1株当たりの取得価額 <u>130円</u>

（5）有価証券の区分変更によるみなし譲渡

　有価証券の譲渡原価の計算の基礎となる1単位当たりの帳簿価額の計算は，有価証券を売買目的有価証券，満期保有目的等有価証券およびその他有価証券のいずれかに区分した上で行われる。この有価証券の区分は，有価証券の取得時に取得目的等に応じてなされるものであり，その区分変更は利益操作を防止するという観点から，次のように制限が加えられている（法令119の11）。

有価証券の区分変更

変更前の区分	変更事由	変更後の区分	譲渡価額
売買目的有価証券	企業支配株式等に該当することとなったこと	満期保有目的等有価証券	時 価
	短期売買業務の全部を廃止したこと	満期保有目的等有価証券 その他有価証券	時 価
満期保有目的等有価証券（企業支配株式）	企業支配株式等に該当しなくなったこと	売買目的有価証券 その他有価証券	帳簿価額
その他有価証券	企業支配株式等に該当することとなったこと	満期保有目的等有価証券	帳簿価額
	短期売買業務の開始に伴い，当該その他有価証券を短期売買業務に使用することになったこと	売買目的有価証券	時 価

　また，この区分変更については，その事実が生じたときに，その有価証券をその時における価額により譲渡し（みなし譲渡），かつ別の区分の有価証券をその価格により取得したもの（みなし取得）とみなして，その譲渡損益の額を計

上することとされている（法令119の11②）。

　ただし，上記の表において譲渡価額が帳簿価額となっているものについては，帳簿価額により譲渡したものとみなされるため，譲渡損益の額の計上は繰り延べられることとなる。

（6）有価証券の期末評価

　法人税法では，2000（平成12）年度の税制改正により，金融商品の評価について時価評価が導入された。これにより，有価証券の期末評価額は，売買目的有価証券については時価法により評価した金額とされ，売買目的外有価証券については原価法による金額とされた。

　ただし，償還期限および償還金額の定めのある売買目的外有価証券（償還有価証券）の期末評価額については，その帳簿価額と償還金額との差額のうち，その事業年度に配分すべき金額を加減算し調整した金額とする（法法61の3①，法令119の14）。

有価証券の期末評価

売買目的有価証券		時価法
売買目的外有価証券	満期保有目的等有価証券	原価法 （ただし，償還有価証券は償却原価法によることとする）
	その他有価証券	

【例　題】

　A株式会社（決算期3月末）は，満期保有目的等有価証券（償還金額2,000,000円　償還期限3年後）を取得し，現金1,700,000円を支払った。この場合の，取得時および償還期限到来までの各期末の仕訳をそれぞれ示しなさい。

＜仕　訳＞

取得時（4月1日）

　（借）満期保有目的等有価証券 1,700,000円　　（貸）現　　金 1,700,000円

1年目の期末

　　（借）満期保有目的等有価証券　　100,000円　　（貸）受取利息　　100,000円

2年目の期末

　　（借）満期保有目的等有価証券　　100,000円　　（貸）受取利息　　100,000円

3年目の期末

　　（借）満期保有目的等有価証券　　100,000円　　（貸）受取利息　　100,000円

1）売買目的有価証券の期末評価

　内国法人が事業年度終了の時において売買目的有価証券を有する場合には，その売買目的有価証券に係る評価益または評価損は，法人税法25条1項（資産の評価益の益金不算入等）または法人税法33条1項（資産の評価損の損金不算入等）の規定にかかわらず，その事業年度の益金の額または損金の額に算入する（法法61の3①）。

　この評価益または評価損として益金の額または損金の額に算入した金額は，翌事業年度の損金の額または益金の額に算入し，洗替え処理を行わなければならない（法法61の3②，法令119の15①）。つまり，売買目的有価証券の翌期首における帳簿価額は，前期末の時価評価後の帳簿価額からその評価益に相当する金額を減算した金額またはその評価損に相当する金額を加算した金額となる（法令119の15③）。

2）売買目的有価証券の時価評価金額

　売買目的有価証券の時価評価金額は，事業年度終了の時において有する有価証券を異なる銘柄ごとに区分し，同一銘柄の有価証券について，次に掲げる有価証券の区分に応じ，それぞれ定める金額にその有価証券の数を乗じて計算した金額とされている（法令119の13）。

売買目的有価証券の時価評価金額

取引所売買有価証券		金融商品取引所の最終公表売買価格または最終公表気配相場の価格
店頭売買有価証券		金融商品取引法67条の19（売買高および価格の通知・公表）の規定による最終公表売買価格または最終公表気配相場の価格
その他価格公表有価証券		価格公表者による最終公表売買価格または最終公表気配相場の価格
上記以外の有価証券	償還有価証券	期末の帳簿価額に帳簿価額と償還金額との差額を配分調整した償却原価法による金額
	償還有価証券以外の有価証券	期末の帳簿価額

【例　題】

1．A株式会社（決算期3月末）のB株式（売買目的有価証券）の所有状況は，次のとおりである。当期末における評価損益について計算し，仕訳を示しなさい。なお，A株式会社は，有価証券の帳簿価額の算出方法について所轄税務署長への届出をしていない。

日　付	適　用	取得株数	単　価	売却株数
4月1日	前期繰越	200株	800円	—
6月20日	購　入	300株	700円	—
10月15日	売　却	—	900円	200株
2月21日	増資払込	100株	1,000円	—

※B株式の当期末の時価は@1,100円である。

2．上記の事例について，翌期首に洗替え処理を行った。

＜解　答＞

　　A株式会社は，有価証券の帳簿価額の算出方法を選定していないため，法定算出方法である移動平均法により計算する。

1株当たりの帳簿価額

$$\frac{160,000円＋210,000円}{200株＋300株}＝@740円$$

$$\frac{740円×300株＋1,000円×100株}{300株＋100株}＝@805円$$

期末の評価損益

　@1,100円×400株－@805円×400株＝118,000円（評価益）

<仕　訳>

1．（借）売買目的有価証券 118,000円　（貸）有価証券評価差額 118,000円
2．（借）有価証券評価差額 118,000円　（貸）売買目的有価証券 118,000円

（7）有価証券の空売り等に係る損益

　有価証券の空売りとは，有価証券を有しないでその売付けをし，その後に同一銘柄の有価証券の買戻しをして決済をする取引をいう（法法61の2⑳，法規27の4）。有価証券の空売りにおいては，売付けに係る対価の額と買付けに係る対価の額との差額である譲渡損益の額を，その決済に係る買戻しの契約をした日の属する事業年度の益金の額または損金の額に算入する（法法61の2⑳）。

　また，信用取引とは，金融商品取引業者が顧客に信用を供与して行う有価証券の売買その他の取引をいい（法法61の2㉑，金融商品取引法156の24①），発行日取引とは，有価証券が発行される前にその有価証券の売買を行う取引をいう（法法61の2㉑）。信用取引または発行日取引においては，個別法により計算された売付けに係る対価の額と買付けに係る対価の額との差額である譲渡損益の額を，その決済に係る買付けまたは売付けの契約をした日の属する事業年度の益金の額または損金の額に算入する（法法61の2㉑）。

　なお，有価証券の空売り，信用取引，発行日取引のうち，事業年度終了時において未決済となっているものについては，その事業年度終了時に決済をしたものとみなして算出した利益相当額または損失相当額を，その事業年度の益金

の額または損金の額に算入することとされている（法法61の4①，法令119の16
①）。このみなし決済における利益相当額または損失相当額は，翌事業年度の
損金の額または益金の額に算入し，洗替え処理を行わなければならない（法令
119の16①）。

　このみなし決済の規定については，有価証券の空売り，信用取引，発行日取
引がデリバティブ取引に実質的に類似しているため，デリバティブ取引と同様
に取り扱うこととしたものである。

（8）デリバティブ取引に係る損益

1）デリバティブ取引の意義

　デリバティブ取引とは，金利，通貨の価格，商品の価格その他の指標の数値
としてあらかじめ当事者間で約定された数値と，将来の一定の時期における現
実の指標の数値との差額に基づいて算出される金銭の授受に約する取引または
これに類似する取引をいう（法法61の5①）。具体的には，次に掲げる取引が
デリバティブ取引に該当する（法規27の7①）。

①　金利先渡取引
②　為替先渡取引
③　直物為替先渡取引
④　店頭金融先物取引
⑤　商品デリバティブ取引
⑥　クレジットデリバティブ取引
⑦　スワップ取引
⑧　オプション取引
⑨　選択権付債券取引
⑩　有価証券先物取引
⑪　有価証券指数等先物取引
⑫　有価証券オプション取引
⑬　外国市場証券先物取引

⑭　有価証券先渡取引

⑮　有価証券店頭指数等先渡取引

⑯　有価証券店頭オプション取引

⑰　有価証券店頭指数等スワップ取引

⑱　取引所金融先物取引等

⑲　先物外国為替取引

⑳　①〜⑲までに類似する取引

2）デリバティブ取引の損益計上

2000（平成12）年度の税制改正において，金融商品の評価について時価評価が導入されたことにより，デリバティブ取引においても時価評価が導入された。

デリバティブ取引を行った場合において，事業年度末にデリバティブ取引のうち決済されていないもの（未決済デリバティブ取引）がある場合は，その事業年度末においてその未決済デリバティブ取引を決済したものとみなして算出した利益相当額または損失相当額を，その事業年度の益金の額または損失の額に算入する（法法61の5①）。

このみなし決済における利益相当額または損失相当額は，翌事業年度の損金の額または益金の額に算入し，洗替え処理を行わなければならない（法法61の5③，法令120）。

また，デリバティブ取引により金銭以外の資産を取得した場合（繰延ヘッジ処理の適用を受ける場合を除く）は，取得時に対価として支払った金額と取得時のその資産の時価との差額を，その取得の日の属する事業年度の益金の額または損金の額に算入することとなる（法法61の5②）。

3）ヘッジ処理

2000（平成12）年度の税制改正において，ヘッジ対象である資産や負債とヘッジ手段であるデリバティブ取引等の損益計上時期を一致させるヘッジ処理が導入された。これは，2000（平成12）年度の税制改正前においてはヘッジ対象とヘッジ手段が別々の取引として取り扱われており，利益調整を行うことが可

能であったことから，利益操作を防止するために設けられたものである。

　このヘッジ処理には次のような2つの方法がある。

① 　繰延ヘッジ処理による損益の繰延べ

　資産または負債の価額変動あるいは将来授受する金銭の額の変動による損失額（ヘッジ対象資産等損失額）を減少させるために行ったデリバティブ取引等のうち，ヘッジ対象資産等損失額を減少させるために有効であると認められるときには，時価基準の例外として，そのデリバティブ取引等に係るみなし決済による利益相当額または損失相当額の計上を，ヘッジ対象資産等損失額を減少させようとする資産または負債の譲渡あるいは金銭の授受等があるまで繰り延べることができる（法法61の6①）。

　この繰延ヘッジ処理は，デリバティブ取引等（ヘッジ手段）のみなし決済による損益相当額の計上を，時価評価の対象とされていないヘッジ対象の損益計上時期と一致させるために繰り延べる方法である。

② 　時価ヘッジ処理による損益の計上

　売買目的外有価証券の価額変動による損失額を減少させるために行ったデリバティブ取引等のうち，ヘッジ対象有価証券損失額を減少させるために有効であると認められるときには，その売買目的外有価証券の時価と帳簿価額との差額のうち，そのデリバティブ取引等の損益に対応する部分の金額は，その事業年度の益金の額または損金の額に算入する（法法61の7①）。

　この評価差額は，翌事業年度の損金の額または益金の額に算入し，洗替え処理を行わなければならない（法令121の11①）。

　この時価ヘッジ処理は，ヘッジ対象を時価評価し，その損益計上に合わせてデリバティブ取引等（ヘッジ手段）の損益計上を行うという方法である。

7．固定資産の譲渡益

　固定資産の譲渡に係る収益の額は，その引渡しがあった日（引渡基準）の属する事業年度の益金の額に算入する（基通2－1－14）。つまり，固定資産の譲

渡による収益の計上は，棚卸資産の販売による収益の計上と同様に引渡基準が原則であり，引渡しの日がいつであるかについても棚卸資産の場合の例によるものとされている。

　ただし，その固定資産が土地，建物その他これらに類する資産である場合は，契約日から目的物の引渡しまである程度の期間を要することや引渡しの日の判断が難しいことなどから，法人が固定資産の譲渡に関する契約の効力発生の日（契約基準）において収益計上を行っているときは，その効力発生の日は，その引渡しの日に近接する日に該当するものとして取り扱われる（基通2－1－14）。

　なお，農地の譲渡があった場合において，その農地の譲渡に関する契約が農地法上の許可を受けなければその効力を生じないものであるため，法人がその許可のあった日において収益計上を行っているときは，その許可のあった日はその引渡しの日に近接する日に該当するものとして取り扱われる（基通2－1－15）。

固定資産の譲渡益の計上基準

		原　則	引渡基準
土地，建物その他これらに類する資産（不動産）	特　例	契約基準	契約の効力発生の日（ただし，農地の譲渡があった場合には，農地法上の許可のあった日）
上記以外の固定資産（動産）	引渡基準		

【例　題】

　A株式会社（決算期12月末）は，×1年12月8日に取得価額30,000,000円の土地を50,000,000円で譲渡する契約を交わし，代金を現金で受け取り，×2年1月21日に引き渡した。この場合の収益計上時期と仕訳を示しなさい。

＜収益計上時期＞

原　　則　引渡時（1月21日）

特　　例　契約時（12月8日）

＜仕　訳＞

（借）現　　　　金　50,000,000円　　（貸）土地譲渡収益　50,000,000円

　　　土地譲渡原価　30,000,000円　　　　　土　　　　地　30,000,000円

8．受取配当等の益金不算入

（1）受取配当等の益金不算入

　法人が他の内国法人から配当等を受けた場合には，純資産の増加をもたらすものであるから，企業会計上では収益に計上される。しかし，税法上では配当等の額は益金の額に算入しないこととされている（法法23①）。

　この受取配当等の益金不算入制度は，シャウプ勧告に基づく1950（昭和25）年度の税制改正の際に，法人の所得は最終的には株主たる個人に帰属するとし，法人税を個人株主の所得税の前払いであるとする法人擬制説（株主集合体説）の考え方に基づいて設けられたものである。

　所得税法では，個人株主が法人より受ける配当等は配当所得として課税されるが，その配当等にはすでに支払法人の段階で所得税の前払いとして法人税が課されていると考えられることから，同一所得に対する二重課税を調整するため，個人株主の所得税額から一定額を控除することを認めている（所法92）。

　配当等を受け取るものが個人株主ではなく法人株主である場合，その受け取る配当等にはすでに支払法人の段階で法人税が課されているため，法人株主の段階で益金に算入すると法人税が重複して課されることとなり，さらに最終的に株主たる個人に分配されたときに個人株主段階での調整が困難となる。このようなことから，法人間配当についての益金不算入制度が設けられた。

　しかし，1989（平成元）年度の税制改正の際には，法人による株式保有の増

大や法人の資産選択行動の実態等を理由として，その株式保有割合が25％以上の企業支配的な株式に係る配当等については従来どおり全額益金不算入の対象とするが，それ以外の一般配当等についてはその益金不算入割合をそれまでの100％から80％まで引き下げることとなった。

　さらに，2002（平成14）年度の税制改正では，連結納税制度創設に伴う歳入減に対応するための財源措置として，関係法人株式等以外の一般配当等については，その益金不算入割合をそれまでの80％から50％まで引き下げることとなった。

ここでいう関係法人株式等とは，内国法人が他の内国法人（公益法人等および人格のない社団等を除く）の発行済株式等の25％以上に相当する株式等を，その配当等の額の効力発生日以前6カ月以上引き続いて所有している場合におけるその株式等をいう（旧法法23⑥，旧法令22の3）。

　また，2010（平成22）年度の税制改正では，法人が受ける配当等の額を，完全子法人株式等に係る配当等，関係法人株式等に係る配当等，それ以外の一般株式等に係る配当等に区分して，益金不算入額をそれぞれ計算することとされた。ここでいう完全子法人株式等とは，配当等の額の計算期間の初日から末日まで継続して内国法人との間に完全支配関係がある他の内国法人（公益法人等および人格のない社団等を除く）の株式等をいう（法法23⑤，法令22の2）。

　これらの改正を経て，法人が受ける配当等について，完全子法人株式等と関係法人株式等についてはその全額（100％）を益金不算入とし，これらに該当しない一般株式等についてはその50％を益金不算入とすることとされていたが，2015（平成27）年度の税制改正により持ち株比率の基準の見直しが行われ，受取配当等の益金不算入割合は次のような取り扱いとなった。

受取配当等の益金不算入額の計算

　① 完全子法人株式等

　　　完全子法人株式等に係る受取配当等の額

② 　関連法人株式等

　　関連法人株式等に係る受取配当等の額（※負債利子控除あり）

③ 　その他の株式等

　　その他の株式等に係る受取配当等の額 × 50 ％

④ 　非支配目的株式等

　　非支配目的株式等に係る受取配当等の額 × 20 ％

　受取配当等の益金不算入額 ＝ ① ＋ ② ＋ ③ ＋ ④

　ここでいう関連法人株式等とは，内国法人（当該内国法人との間に完全支配関係がある他の法人を含む）が他の内国法人（公益法人等および人格のない社団等を除く）の発行済株式等（自己株式等を除く）の 3 分の 1 を超える株式等を，配当等の額の計算期間の初日から末日まで引き続き有している場合における他の内国法人の株式等（完全子法人株式等を除く）をいう（法法23④，法令22の 3 ）。

　その他の株式等とは，完全子法人株式等，関連法人株式等および非支配目的株式等のいずれにも該当しない株式等をいう。

　非支配目的株式等とは，内国法人（当該内国法人との間に完全支配関係がある他の法人を含む）が他の内国法人（公益法人等及び人格のない社団等を除く）の発行済株式等（自己株式等を除く）の100分の 5 以下に相当する株式等を，配当等の額の支払いに係る基準日において有する場合における他の内国法人の株式等（完全子法人株式等を除く）をいう（法法23⑥，法令22の③の 3 ）。

　なお，2020（令和 2 ）年度の税制改正において株式等の区分の判定方法が見直され，関連法人株式等および非支配目的株式等に該当するか否かの判定は，内国法人との間に完全支配関係がある他の法人の有する株式数等を含めて行うこととされた。

受取配当等に対する二重課税の調整措置

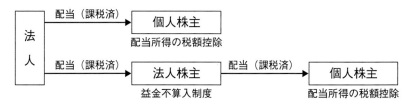

受取配当等の益金不算入割合

区　　分	不算入割合
完全子法人株式等（株式等保有割合100％）	100％
関連法人株式等（株式等保有割合１/３超）	
その他の株式等（株式保有割合５％超１/３以下）	50％
非支配目的株式等（株式等保有割合５％以下）	20％

（2）受取配当等の収益計上時期

　益金不算入の適用を受ける受取配当等の収益計上時期は，配当等の授受に関係なく，原則としてその配当等の額が確定したとされる日の属する事業年度であり，それぞれ次に掲げる日によることになっている（基通２−１−27）。

受取配当等の収益計上時期

剰余金の配当		その配当の効力を生ずる日
利益の配当または剰余金の分配		その利益の配当またはその剰余金の分配に関する決議のあった日（ただし，持分会社において定款で定めた日がある場合はその日）
特定目的会社に係る中間配当		その中間配当に係る取締役の決定のあった日（ただし，中間配当請求権の効力発生日が定められた場合はその日）
投資信託・特定目的信託の収益の分配	信託期間中における収益の分配	その収益の計算期間の末日
	信託の終了または一部解約による収益の分配	その投資信託の終了または解約のあった日
みなし配当	非適格合併によるもの	合併の効力を生ずる日（新設合併の場合は，新設合併設立法人の設立登記の日）
	非適格分割型分割によるもの	分割の効力を生ずる日（新設分割の場合は，新設分割設立法人の設立登記の日）
	資本の払戻しによるもの	資本の払戻しに係る剰余金の配当がその効力を生ずる日
	解散による残余財産の分配によるもの	分配開始の日
	自己株式または出資の取得によるもの	その取得の日
	出資の消却・払戻し，社員等出資者の退社・脱退による持分の払戻し，株式もしくは出資をその発行法人が取得することなく消滅させることによるもの	これらの事実があった日
	組織変更によるもの	組織変更の効力を生ずる日

（3）益金不算入となる受取配当等の範囲

　益金不算入の対象となる配当等は，次のようなものに限定される（法法23①）。

① 　内国法人（外国法人，公益法人等または人格のない社団等から受けるものおよび適格現物分配に係るものを除く）から受ける剰余金の配当（株式等に係るものに限るものとし，資本剰余金の額の減少に伴うものおよび分割型分割によるものを除く），利益の配当（分割型分割によるものを除く）または剰余金の分配（出資に係るものに限る）の額

② 　投資信託および投資法人に関する法律第137条（金銭の分配）の金銭の分配（出資総額等の減少に伴う金銭の分配として財務省令で定めるもの（第24条第

　　１項第３号（配当等の額とみなす金額）において「出資等減少分配」という）を除
　　く）の額
③　資産の流動化に関する法律第115条第１（中間配当）に規定する金銭の分配
　　の額

　剰余金の配当とは会社法上の剰余金の配当（会社法446）のことをいい，中間配当を含むもので，利益の配当とは持分会社の社員が受ける配当（会社法621）のことをいう。また，剰余金の分配とは，中小企業協同組合法や信用金庫法等における剰余金の分配のことをいい，協同組合や信用金庫等の出資者が受ける分配金のことをいう。
　上記（３）①において，外国法人から受ける剰余金の配当等が除外されているのは，受取配当等の益金不算入制度そのものが内国法人の二重課税排除のための措置であるからであり，公益法人等または人格のない社団等から受ける剰余金の配当等が除外されているのは，そもそも配当等を行うことが想定されていないという組織形態の特殊性によるものである。なお，2009（平成21）年度の税制改正により，国際的二重課税排除を維持しつつ，国外獲得利益の国内への資金還流を促進するために，外国子会社から受ける配当等については，その配当等の額（これに係る費用の額としてその配当等の額の５％相当額を控除した金額）を益金不算入とする規定が設けられた（法法23の２）。ここに外国子会社とは，内国法人が外国法人の発行済株式等の25％以上の株式等を，配当等の支払義務が確定する日以前６カ月以上継続して保有している場合におけるその外国法人をいう（法法23の２，法令22の４）。
　また，益金不算入の対象となる剰余金の配当等は，支払法人において損金の額に算入されないことが前提となっているため，支払法人において損金の額に算入される保険会社の基金利息や契約者配当金，協同組合等の事業分量配当金等は含まれないこととされている。
　名義株（法人が役員，使用人等の名義で所有している株式）については，実質的な所有者である法人において益金不算入の規定が適用される（基通３−１−１）。

　証券投資信託の収益分配額については，株式の譲渡益および配当等を主な原資としていることから，簡便法としてその収益額の2分の1だけを配当等からなる部分とみなして益金不算入の対象としてきた。しかし，2015（平成27）年度の税制改正により，公社債投資信託以外の証券投資信託（特定株式投資信託を除く）の収益分配額のうち配当等の額とされる部分の金額については，本制度の対象から除外され，その収益分配額の全額が益金の額に算入されることとなった。

　なお，特定株式投資信託（信託財産を株式のみに対する投資として運用することを目的とする証券投資信託のうち，その受益証券が上場されるなど一定の要件を満たすもの，外国株価指数連動型特定株式投資信託を除く）の収益分配額については，内国株式の剰余金の配当等を主な財源とするものであるから，非支配目的株式等と同様の取扱いとされている（措法67の6）。

（4）短期所有株式等に係る受取配当等の益金算入

　法人が受けた剰余金の配当等は，原則として，益金不算入の対象となる。しかし，法人が受ける配当等の額の元本である株式等をその配当等の額の支払いに係る基準日（配当基準日）以前1カ月以内に取得し，かつ，配当基準日後2カ月以内に譲渡した場合は，その譲渡された株式等（短期所有株式等）について受領した配当等の金額について益金不算入の規定の適用をせず，益金の額に算入することとされている（法法23②）。

　この規定は，法人が配当基準日直前に個人から株式を譲り受け，株式に係る配当を受け取り，配当基準日直後にその株式を個人へ配当権利落ちの価額で売り戻すというような行為により，法人において受取配当の益金不算入と譲渡損の損金算入という法人税を二重に軽減することを防止するために設けられた措置である。

【例　題】

　X株式会社（資本金2億円）が当期に受け取った配当等の額は次のとおりである。当期における受取配当等の益金不算入額を計算しなさい。

銘　柄	区　分	金　額
①　A株式会社	剰余金の配当	500,000円
②　B株式会社	剰余金の配当	300,000円
③　C証券投資信託	収益分配金	100,000円
④　D株式会社	剰余金の配当	200,000円

（注）1．X株式会社は，A株式会社の株式総数の60％を保有している。
　　　2．X株式会社は，B株式会社の株式総数の3％を保有している。
　　　3．X株式会社は，D株式会社の株式総数の25％を保有している。
　　　4．C証券投資信託は特定株式投資信託ではない。

<解　答>

・A株式会社は関連法人株式等に該当するため，全額が益金不算入の対象となる。

・B株式会社は非支配目的株式に該当するため，配当の額の20％が益金不算入の対象となる。

・C証券投資信託の収益分配金は，益金不算入の対象とならない。

・D株式会社はその他の株式等に該当するため，配当の額の50％が益金不算入の対象となる。

　　受取配当等の益金不算入額

　　　①500,000円＋②300,000円×20％＋④200,000円×50％＝660,000円

（5）負債利子の控除

1）負債利子の範囲

　法人が受取配当等の益金不算入額を計算する場合において，配当等の元本である株式等を取得するために要した負債利子（連結法人株式等に係る配当等を除

く）があるときは，完全子法人株式等に係る配当等を除き，配当等の額の合計
額からその株式等に係る部分の負債利子の額を控除することとされていた（旧
法法23④）。

　この規定は，法人が借入金等によってその株式等を取得した場合において，
受取配当等の合計額からその負債利子の額を控除しなければ，負債利子の損金
算入と受取配当等の益金不算入という法人税の二重の軽減を招き，借入れをし
ないで株式等を取得した法人との負担の公平を欠くことになるため設けられた
ものである。

　しかし，2015（平成27）年度の税制改正により，受取配当等の益金不算入制
度において，持ち株比率の基準の見直しが行われ，受取配当等の益金不算入割
合が変更されたことに伴い，負債利子控除については，関連法人株式等を除き，
廃止となった。

　なお，ここでいう負債利子とは，通常の借入金利子のほか，手形の割引料，
社債発行差金その他経済的な性質が利子に準ずるものも含まれる。

受取配当等の益金不算入割合

区　　分	不算入割合	負債利子控除
完全子法人株式等（株式等保有割合100%）	100%	なし
関連法人株式等（株式等保有割合1／3超）	100%	あり
その他の株式等（株式保有割合5％超1／3以下）	50%	なし
非支配目的株式等（株式等保有割合5％以下）	20%	なし

2）負債利子控除額の計算

　関連法人株式等に係る受取配当等において負債利子控除がある場合は，関連
法人株式等に係る受取配当等の益金不算入額について，次の算式により計算す
る（法法23①）。

関連法人株式等に係る受取配当等の益金不算入額 ＝ 関連法人株式等に係る受取配当等の額 － 関連法人株式等に係る負債利子控除額

　関連法人株式等に係る負債利子控除額については，原則的方法である総資産

按分法と実績割合による簡便法のいずれかの方法により計算することとされていたが，2020（令和２）年度の税制改正により，次のような概算的な計算方法へと変更された（法令19①②）。

負債利子控除額 ＝ 関連法人株式等に係る配当等の額の４％相当額

※ただし，その事業年度において支払う負債利子の額の10％相当額を上限とする。

【例　題】

次の資料をもとに，X株式会社（資本金２億円）の当期における受取配当等の益金不算入額を原則的方法により計算しなさい。

1．当期中に支払いを受けた受取配当等は次のとおりである。

なお，X株式会社は，A株式会社の株式総数の40％，B株式会社の株式総数の85％を保有している。

A株式受取配当金　300,000円

B株式受取配当金　100,000円

2．当期中に支払った負債利子の総額は，1,000,000円である。

＜解　答＞

負債利子控除額

（300,000 ＋ 100,000）× 4 ％ ＝ 16,000

（上限：1,000,000 × 10 ％ ＝ 100,000）

受取配当等の益金不算入額

300,000 ＋ 100,000 － 16,000 ＝ 384,000円

（6）みなし配当

1）みなし配当の意義

通常の剰余金の配当という形式をとらない場合であっても，減資，解散，合併，分割等に際して株主等に金銭その他の資産の交付が行われた場合において，

その金額のうちに利益積立金額から構成されている部分があるときは，実質的
に剰余金の配当が行われたのと同様の経済的効果をもたらすことになる。税法
では，これをみなし配当とよび，本来の配当と同じように受取配当等の益金不
算入の規定を適用することとされている（法法24）。

　なお，2010（平成22）年度の税制改正では，租税回避行為を防止するための
措置として，自己株式として取得されることを予定して取得した株式が自己株
式として取得された際に生じるみなし配当については，益金不算入制度（外国
子会社配当益金不算入制度を含む）を適用しないこととされた（法法23③，法法23
の2②）。

2）みなし配当が生じる事由とみなし配当額

　内国法人が，次の事由により金銭その他の資産の交付を受けた場合において，
その金銭その他の資産の価額の合計額が，その法人の資本金等の額のうちその
交付の起因となったその法人の株式または出資に対応する部分の金額を超える
ときは，その超える部分の金額は発行法人の利益積立金額を財源とするもので
あるため，剰余金の配当等とみなされる（法法24①）。

① 　合併（適格合併を除く）

② 　分割型分割（適格分割型分割を除く）

③ 　資本の払戻し（剰余金の配当（資本剰余金の額の減少に伴うものに限る）のうち，
　　分割型分割によるもの以外のものおよび出資等減少分配をいう）または解散によ
　　る残余財産の分配

④ 　自己の株式または出資の取得（金融商品取引所における購入による取得等を除く）

⑤ 　出資の消却（取得した出資について行うものを除く），出資の払戻し，社員そ
　　の他法人の出資者の退社または脱退による持分の払戻しその他株式または
　　出資をその発行した法人が取得することなく消滅させること。

⑥ 　組織変更（組織変更に際して組織変更をした法人の株式または出資以外の資産を
　　交付したものに限る）

　上記の事由により生じたみなし配当額は，以下の算式により計算される（法
法24①）。

$$みなし配当額 = \begin{matrix}交付を受けた金銭および\\その他の資産の価額の合計額\end{matrix} - \begin{matrix}発行法人の資本金等の額\\のうち交付の起因となった\\株式等に対応する部分の金額\end{matrix}$$

【例　題】

A株式会社は，所有するB株式会社の株式1,000株（その他有価証券，1株当たりの帳簿価額3,000円）をB社に対して相対取引により譲渡し，対価として現金5,000,000円を受け取った。その際の1株当たりのみなし配当の額は1,000円である。この場合の仕訳を示しなさい。

＜仕　訳＞

（借）現　金　5,000,000円　　（貸）その他有価証券　3,000,000円
　　　　　　　　　　　　　　　　　受　取　配　当　1,000,000円
　　　　　　　　　　　　　　　　　有価証券譲渡益　1,000,000円

9．受取利息に係る収益

　貸付金，預金，貯金または有価証券（貸付金等）から生ずる利子の額は，原則として，その利子の計算期間の経過に応じ，その事業年度に係る金額をその事業年度の益金の額に算入する（基通2－1－24）。ただし，主として金融および保険業を営む法人以外の法人（一般事業法人）が，その有する貸付金等から生ずる利子でその支払期日が1年以内の一定期間ごとに到来するものの額につき，継続してその支払期日の属する事業年度の益金の額に算入している場合には，これを認めることとしている（基通2－1－24）。

　これは，一般事業法人の受取利息の収益計上については，原則である発生主義の適用に代えて，利払期が1年以内のものについて利払期の到来するつど収益を計上する利払期基準を適用することを，継続適用を条件として認めたものである。

　なお，たとえば借入金とその運用資産としての貸付金，預金，貯金または有

価証券がひも付きの見合関係にある場合のように，その借入金に係る支払利息の額と運用資産から生ずる利息の額を期間対応させて計上すべき場合には，その運用資産から生ずる利息の額については利払期基準を適用することはできず，原則的方法を用いなければならない（基通2－1－24（注）書）。

受取利息の収益計上基準

原　則	発生基準	その利子の計算期間の経過に応じて計上
特　例	利払期基準	一般事業法人の場合は，利払期の到来するつど計上

10. 受贈益・債務免除益

(1) 受贈益・債務免除益

　法人が，他の者から金銭や物品または固定資産の贈与を受けた場合は，「無償による資産の譲受け」に該当するので，その受贈額（金銭以外の場合はその資産の時価相当額）は贈与を受けた日の属する事業年度の益金の額に算入される（法法22②）。なお，他の者から時価に比し低い価額で資産の譲渡を受けた場合（低額譲渡）においても，譲受価額と資産の時価との差額部分について贈与を受けたものとして認められる場合は，その受贈額は益金の額に算入される。

　また，金銭や物品または固定資産等の贈与を受けた場合だけでなく，債権者から債務を免除された場合の債務免除益も，経済的利益を授受しているので受贈益に含まれ，益金の額に算入される。

【例　題】

　次の取引を仕訳しなさい。なお土地の時価は10,000,000円とする。

1. 無償で譲り受けた場合
2. 時価より低額で購入し，その代金7,000,000円を現金で支払った場合（低額譲渡）

＜仕　訳＞

1．（借）土　地　10,000,000円　　（貸）受贈益　10,000,000円
2．（借）土　地　10,000,000円　　（貸）現　金　7,000,000円
　　　　　　　　　　　　　　　　　　　受贈益　3,000,000円

（2）広告宣伝用資産の受贈益

　販売業者が製造業者等から資産を無償で取得した場合は，原則として製造業者のその資産の取得価額を経済的利益の額として，その取得の日の属する事業年度の益金の額に算入する（基通4－2－1）。また，販売業者が製造業者等のその資産の取得価額に満たない価額により取得した場合にも，原則としてその取得価額から販売業者等がその取得のために支出した金額を控除した金額を経済的利益の額として，その取得の日の属する事業年度の益金の額に算入する（基通4－2－1）。

　ただし，その取得した資産が，次のような広告宣伝用のものである場合は，特別の取扱いを要する。

1）広告宣伝用の看板等

　取得した資産が，広告宣伝用の看板，ネオンサイン，どん帳のようにもっぱら広告宣伝の用に供されるものであるときは，その取得による経済的利益の額はないものとし，受贈益に対する課税は行わないこととされている（基通4－2－1（注）書）。

2）その他の広告宣伝用資産

　取得した広告宣伝用資産が，次に掲げるように製造業者（贈与者）の広告宣伝の用に供されるだけでなく，販売業者（受贈者）にとっても便益のあるものである場合には，その経済的利益の額は受贈益として課税される（基通4－2－1）。

① 自動車（自動三輪車および自動二輪車を含む）で車体の大部分に一定の色彩を塗装して製造業者等の製品名または社名を表示し，その広告宣伝を目的としていることが明らかなもの

② 陳列棚，陳列ケース，冷蔵庫または容器で製造業者等の製品名または社名

の広告宣伝を目的としていることが明らかなもの

③　展示用モデルハウスのように製造業者等の製品の見本であることが明らか
　　なもの

なお，この場合の経済的利益の額は，次の算式により計算する。

$$\text{経済的利益の額} = \frac{\text{製造業者等の}}{\text{その資産の取得価額}} \times \frac{2}{3} - \text{販売業者等の負担額}$$

　ただし，その経済的利益の額が30万円以下であるときは，経済的利益の額
はないものとして取り扱われる。

【例　題】

　A販売業者は，Bメーカーから次のように広告宣伝用の看板を贈与された。
また，B社を表す色彩に塗装され，B社名が表示された広告宣伝用の自動車を
取得し，現金300,000円を支払った。この場合の仕訳を示しなさい。

	A販売業者の取得価額	Bメーカーの取得価額
1．Bメーカーの広告宣伝 　　用の看板	0円	350,000円
2．Bメーカーの広告宣伝 　　を目的とした自動車	300,000円	1,500,000円

<解　答>

1．経済的利益はないものとして，受贈益課税は行わない。

　　仕　訳　　　　なし

2．経済的利益の額 $=1,500,000円 \times \frac{2}{3} - 300,000円 = 700,000円$

　　仕　訳

　　（借）車　両　1,000,000円　　　（貸）現　金　300,000円
　　　　　　　　　　　　　　　　　　　　　　受贈益　700,000円

（3）未払給与の免除益

　支払いの確定した役員給与について，受給者たる役員がその受取りを辞退した場合は，原則として債務免除益が生じ，益金の額に算入することとなる。しかし，損金不算入の役員給与には法人税が課されていることから，それを債務免除益として益金に算入した場合は二重課税となってしまう。

　このようなことから，法人が未払給与（損金の額に算入されない給与に限る）について，取締役会の決議に基づきその全部または大部分の金額を支払わないこととした場合において，次に掲げる要件を満たす場合は，その支払わないこととなった金額（源泉所得税があるときはその税額を控除した金額）については，その支払わないことが確定した日の属する事業年度の益金の額に算入しないことができることとされている（基通4－2－3）。

① 　その支払わないことが，いわゆる会社の整理，事業の再建および業況不振のためのものであること

② 　その支払われないこととなる金額が，その支払いを受ける金額に応じて計算されているなど，一定の基準によって決定されたものであること

　なお，法人が未払配当金を支払わないこととした場合については，この取扱いの適用がないので，原則的方法により益金の額に算入されることとなる（基通4－2－3（注）書）。

【例　題】

　次の取引を仕訳しなさい。

　会社の業績不振のため，取締役会の決議に基づき，役員に対する未払給与（事前確定届出をしていない役員賞与）の30％である3,000,000円を支払わないこととし，残りの金額を支払った。また，確定していた株式配当金2,000,000円を全額支払わないこととした。

＜仕　訳＞

（１）未払役員給与

（借）未払役員給与　10,000,000円　（貸）現　　　　金　7,000,000円

役 員 給 与　3,000,000円

（２）未払配当金

（借）未払株式配当　2,000,000円　（貸）債務免除益　2,000,000円

11．資産の評価益

（１）資産の評価益の益金不算入

　税法上では，資産の評価替えによる評価益は原則として益金の額に算入されない。この資産の評価益についての税務上の取扱いは，会社法と同様に取得原価主義を基本とし，未実現利益に対する課税を排除するという考え方に立脚したものである。

　したがって，内国法人が有する資産の評価替えをしてその帳簿価額を増額した場合であっても，その増額した部分の金額はなかったものとみなされ，事業年度の所得の金額計算上，益金の額に算入されないこととされている（法法25①）。

（２）評価益の益金算入が認められる場合

　法人税法上は，原則として資産の評価替えの計上を認めないが，次に掲げる評価替えの場合には，評価益の計上が認められ益金の額に算入される（法法25②③，法令24）。

①　会社更生法または金融機関の更生手続の特例等に関する法律の規定による更生計画認可の決定に基づいて行う資産の評価替え

②　民事再生法の規定による再生計画認可の決定またはこれに準ずる事実に基づいて行う資産の評価替え

③　保険会社が保険業法第112条（株式の評価の特例）の規定に基づいて行う株式の評価替え

　ただし，評価益の益金算入が認められる場合であっても，その評価替え後の資産の帳簿価額が評価替えをしたときのその資産の価額（時価）を超えるときは，その超える金額は益金の額に算入しないこととされている（基通4−1−2）。

（3）評価益に該当しないもの

　次に掲げる事実に基づいて生じた益金は，取得価額の修正等であり，評価益には該当しないため，益金の額に算入される（基通4−1−1）。
① 　減価償却資産として計上すべき費用の額を修繕等として損金経理をした法人が，減価償却資産として受け入れるにあたり，その費用の額をもって減価償却資産の帳簿価額として計上したため，既往の償却費相当額だけその増額が行われたこと。
② 　圧縮記帳による圧縮額を積立金として経理している法人が，その積立金を取り崩したこと。

12．還付金等の益金不算入

　還付金とは，過誤納等の理由により還付されるべき税額をいう。法人が損金不算入の対象となる法人税および法人住民税等の租税公課の還付を受け，または還付を受けるべき金額が未納の国税もしくは地方税に充当される場合には，その還付を受けまたは充当される金額はその法人の各事業年度の所得の金額の計算上，益金の額に算入しないこととされている（法法26①）。

　これは，法人の課税所得の計算上，損金不算入となる租税公課が還付されたときに，その還付金額は益金の額に算入しないこととしているのであって，この還付金等の益金不算入の規定は，租税公課の損金不算入の規定と表裏一体の関係にある。したがって，損金算入された租税公課の還付や充当があった場合には，その額は益金の額に算入されることになる。

　この還付金等の益金不算入となる租税公課等には，具体的に次のようなものがある（法法26①）。

① 法人税額等の損金不算入の規定（法法38）により損金の額に算入されない
もの

② 不正行為等に係る費用等の損金不算入の規定（法法55）により損金の額に
算入されない延滞税，各種加算税，過怠金，地方税法の規定による延滞金，
各種加算金等の額の還付金

③ 確定申告による所得税額等の還付（法法78），継続等の場合の所得税額等
の還付（法法120），確定申告に係る更正による所得税額等の還付（法法
133），継続等の場合の更正による所得税額等の還付（法法137）等

④ 欠損金の繰戻しによる還付（法法80）または連結欠損金の繰戻しによる還
付等

　なお，利子税の還付金および還付加算金については，法人税法26条1項の
規定の適用がないため，益金の額に算入される。

主な租税公課の税務上の取扱い

	支出時の取扱い	還付時の取扱い
法人税	損金不算入	益金不算入
住民税 （都道府県民税，市町村民税）	損金不算入	益金不算入
事業税	損金算入	益金算入
固定資産税	損金算入	益金算入
延滞税，各種加算税等	損金不算入	益金不算入

13. 短期売買商品等の譲渡損益

（1）短期売買商品等の範囲

　短期売買商品等とは，短期的な価格の変動を利用して利益を得る目的で取得
した資産で，次に掲げるもの（有価証券を除く）および資金決済に関する法律
第2条第5項に規定する暗号資産をいう（法法61①，法令118の4）。

① 内国法人が取得した金，銀，白金その他の資産のうち，市場における短期的な価格の変動または市場間の価格差を利用して利益を得る目的（短期売買目的）で行う取引に専ら従事する者が短期売買目的でその取得の取引を行ったもの（専担者売買商品）

② その取得の日において短期売買目的で取得したものである旨を帳簿書類に記載したもの（専担者売買商品を除く）

暗号資産とは，次に掲げるものをいう。

① 物品等を購入し，もしくは借り受け，または役務の提供を受ける場合に，これらの代価の弁済のために不特定の者に対して使用することができ，かつ，不特定の者を相手方として購入及び売却を行うことができる財産的価値（電子機器その他の物に電子的方法により記録されている通貨建資産に限り，有価証券，電子記録債権法第２条第１項に規定する電子記録債権，第３条第１項に規定する前払式支払手段その他これらに類するものとして内閣府令で定めるものを除く）であって，電子情報処理組織を用いて移転することができるもの

② 不特定の者を相手方として①に掲げるものと相互に交換を行うことができる財産的価値であって，電子情報処理組織を用いて移転することができるもの

（２）短期売買商品等の譲渡損益の計上時期

法人が短期売買商品等の譲渡をした場合には，その譲渡に係る譲渡利益額または譲渡損失額は，その譲渡に係る契約をした日（約定日）の属する事業年度の益金の額または損金の額に算入する（法法61①）。

（３）短期売買商品等の譲渡損益の計算

短期売買商品等の譲渡利益額または譲渡損失額は，譲渡対価の額から譲渡原価の額を控除して計算する（法法61①）。

短期売買商品等の譲渡損益の額 ＝ 譲渡対価の額 － 譲渡原価の額

1）短期売買商品等の譲渡対価

　短期売買商品等の譲渡対価の額は，短期売買商品等の譲渡の時における有償による譲渡により通常得べき対価の額をいう（法法61①一）。

2）短期売買商品等の譲渡原価

　短期売買商品等の譲渡原価の額は，その短期売買商品等についてその内国法人が選定した一単位当たりの帳簿価額にその譲渡をした短期売買商品等の数量を乗じて計算した金額である（法法61①二）。

　譲渡原価の額 ＝ １単位当たりの帳簿価額 × 譲渡した短期売買商品等の数量

①　短期売買商品等の取得価額

　譲渡原価の額の計算を行う際の１単位当たりの帳簿価額は，短期売買商品等の取得価額を基礎として計算される。短期売買商品等の取得価額は，その取得方法に応じて，次のように定められている（法令118の５）。

短期売買商品等の取得価額

購入した短期売買商品等	購入代価＋取得のために要した費用
上記以外の短期売買商品等	取得のために通常要する価額（取得時の時価）

②　１単位当たりの帳簿価額の計算

　短期売買商品等の譲渡に係る原価の額を計算する場合におけるその一単位当たりの帳簿価額の算出の方法は，次に掲げる方法とする。

　（イ）　移動平均法

　短期売買商品等をその種類または銘柄（種類等）の異なるごとに区別し，その種類等を同じくする短期売買商品等を取得するつど，その短期売買商品等のその取得直前の帳簿価額とその取得をした短期売買商品等の取得価額との合計額を，これらの短期売買商品等の総数量で除して平均単価を算出し，その算出した平均単価をもってその一単位当たりの帳簿価額とする方法である。

　㈑　総平均法

　短期売買商品等を種類等の異なるごとに区別し，その種類等の同じものについて，その事業年度開始の時において有していたその短期売買商品等の帳簿価額とその事業年度において取得をしたその短期売買商品等の取得価額の総額との合計額をこれらの短期売買商品等の総数量で除して平均単価を算出し，その算出した平均単価をもってその一単位当たりの帳簿価額とする方法である。

　ただし，法人がその算出方法を選択しなかった場合は，移動平均法（法定算出方法）により算出することとされている（法法61①二，法令118の6⑦）。

（4）短期売買商品等の時価評価損益

1）短期売買商品等の期末評価

　内国法人が事業年度終了の時において有する短期売買商品等（暗号資産にあっては，活発な市場が存在する市場暗号資産に限る）については，時価法により評価した金額（時価評価金額）をもって，その時における評価額とする（法法61②，法令118の7）。

　ここでいう時価法とは，事業年度終了の時において有する短期売買商品等をその種類等の異なるごとに区別し，その種類等を同じくする短期売買商品等ごとに，次に掲げるいずれかの価格にその短期売買商品等の数量を乗じて計算した金額をその時における評価額とする方法をいう（法法61②，法令118の8）。

短期売買商品等の時価評価金額

短期売買商品等 （暗号資産以外）	①	価格公表者（※1）による事業年度終了の日の最終公表売買価格または最終公表気配相場の価格等
	②	価格公表者による最終公表売買価格にこれらの品質，所在地その他の価格に影響を及ぼす条件の差異により生じた価格差につき必要な調整を加えて得た金額
暗号資産	③	価格等公表者（※2）による事業年度終了の日の最終公表売買価格
	④	価格等公表者による事業年度終了の日の最終の交換比率に，その交換比率により交換される他の市場暗号資産に係る③の価格を乗じて計算した金額

※1　価格公表者とは，商品（商品先物取引法第2条第1項に規定する商品）の売買の価格または気配相場の価格を継続的に公表し，かつ，その公表する価格がその商品の売買の価格の決定に重要な影響を与えている場合におけるその公表をする者をいう。

※2　価格等公表者とは，市場暗号資産の売買価格等を継続的に公表し，かつ，その公表する売買価格等がその市場暗号資産の売買の価格又は交換の比率の決定に重要な影響を与えている場合におけるその公表をする者をいう。

2）短期売買商品等の評価損益

　内国法人が事業年度終了の時において短期売買商品等を有する場合（暗号資産にあっては，自己の計算において有する場合に限る）には，その短期売買商品等に係る評価益または評価損は，法人税法第25条第1項（資産の評価益の益金不算入等）または第33条第1項（資産の評価損の損金不算入等）の規定にかかわらず，その事業年度の益金の額または損金の額に算入する（法法61③）。

　この評価益または評価損として益金の額または損金の額に算入した金額は，翌事業年度の損金の額または益金の額に算入し，洗替え処理を行わなければならない（法令118の9）。

練習問題

1．棚卸資産の販売における収益認識基準について説明しなさい。

2．次の特殊販売において収益がどのように認識されるのかについてそれぞれ説明しなさい。

　　①委託販売，②試用販売，③予約販売，④商品引換券の発行

3．請負収益の計上基準について説明しなさい。

4．値引き，値増し，割戻し等の税法上の取扱いについて説明しなさい。

5．有価証券をその保有目的により区分し，それぞれの有価証券の期末評価について説明しなさい。

6．受取配当等の益金不算入制度について説明するとともに，受取配当等が原則として益金に不算入とされる理由について述べなさい。

7．法人税法において，資産の評価益が原則として認められていない理由について説明しなさい。

8．還付金の益金不算入制度について説明した上で，その対象となる租税公課についてなぜ益金の額に算入されないのか，その理由について説明しなさい。

第 5 章

損金の会計

1．売上原価

　企業は，商品，製品，原材料等について，販売を目的に生産，所有するが，すべて生産あるいは仕入れた事業年度に販売されるとは限らない。期末に販売されずに在庫として残っているものを一般に棚卸資産という。継続企業を前提とする今日の会計制度では，この棚卸資産が存在するのは当然であり，期末に棚卸高を決定することは，企業の損益計算に大きな影響を与えることになり，非常に重要になってくる。

（1）売上原価と期末評価

　商品の売上原価や製品の製造原価は，次の算式によって計算される。

　　期首商品棚卸高 ＋ 当期仕入高 － 期末商品棚卸高 ＝ 売上原価

　この算式からも明らかなように，期末商品棚卸高の数値をどのようにとるかによって，売上原価の金額が決定され，結果として課税所得が大きく影響を受ける。すなわち，「期首商品棚卸高」は，前期末の棚卸高であり，すでに金額は確定している。また，「当期仕入高」は，外部取引であり証憑類等で客観的に証明できる金額であり，原則的には確定しているといってよい。これに対して，いわゆる売れ残り分である「期末棚卸高」は，当該法人が，任意に金額を決定できる可能性を残している。つまり，期末棚卸高を大きくとれば，利益も大きくなるし，その逆にすれば，利益が小さくなる。そこで，税法では，この「期末商品棚卸高」の評価について，詳細な規定を設けているのである。

（2）棚卸資産の範囲

　法人税法上，棚卸資産とは次のものをいう。ただし，有価証券については，別途評価方法が定められており，棚卸資産には該当しない（法法2二十，法令10）。

① 　商品または製品（副産物および作業屑を含む）

② 　半製品

③ 　仕掛品

④ 　主要原材料

⑤ 　補助原材料

⑥ 　消耗品で貯蔵中のもの

⑦ 　上記に掲げる資産に準ずるもの

（3）棚卸資産の取得価額

　棚卸資産の取得価額は，別段の定めがあるものを除き，その取得の態様に応じ，次のような資産の区分に応じた金額の合計額とする（法令32①）。

① 　購入した棚卸資産

　（イ）　その資産の購入の代価（引取運賃，荷役費，運送保険料，購入手数料，関税等，その他購入に要した費用を加算した金額）。

　（ロ）　その資産を消費しまたは販売のために直接要した費用の額

　購入した商品が販売されるまでに直接要した諸費用が取得価額になるということであるが，しかし，重要性の原則から，以下のような費用については，その費用の合計額が少額（購入価額のおおむね3％以内の金額）である場合には，その取得価額に算入しないことができる（基通5－1－1）。つまり，支出時に，その費用は損金に算入できるという意味である。

　（イ）　買入事務，検収，整理，選別，手入れ等に要した費用の額

　（ロ）　販売所から販売所等へ商品を移管するために要した運賃，荷造費等の費用の額

　（ハ）　特別の時期に販売するなどのため，長期にわたって保管するために要

　　した費用の額

　また，不動産取得税，固定資産税および都市計画税，借入金の利子等のような費用は，たとえ棚卸資産の取得または保有に関連して支出するものであっても，その取得価額に算入しないことができる（基通 5 − 1 − 1 の 2 ）。

② 　自己の製造，採掘，採取，栽培等をした棚卸資産

　㋑　その資産の製造等のために要した原材料費，労務費および経費の額

　㋺　その資産を消費しまたは販売のために直接要した費用の額

　この場合も，購入した場合と同様に，少額な費用（製造原価のおおむね 3 ％以内の金額）は，その取得価額に算入しないことができる（基通 5 − 1 − 3 ）。

③ 　合併または出資により受け入れた棚卸資産

　㋑　その資産の受入価額（引取運賃，荷役費，運送保険料，関税等受け入れに要した費用がある場合には，その費用を加算した金額）ただし，その金額が受入時における時価を超えるときは時価とする。

　㋺　その資産を消費しまたは販売のために直接要した費用の額

④ 　その他の方法（贈与，交換，代物弁済等）により取得した棚卸資産

　㋑　その取得時における当該資産の時価

　㋺　その資産を消費しまたは販売のために直接要した費用の額

（ 4 ）棚卸資産の評価方法

　棚卸資産の金額を決定する方法としては，継続記録法と実地棚卸法がある。継続記録法は，商品有高帳，製品有高帳等にその資産の受入，払出しのたびに記帳することによって，期末棚卸高を算出する方法である。実地棚卸法は，期末に実際に残存数量を確定する方法であり，帳簿上，把握不可能な盗難や破損等での減耗を確認できるメリットがある。一般に，継続記録法と実地棚卸法を併用することが合理的であるとされる。

　法人税法では，継続記録法としての原価法および低価法を棚卸資産の評価方法として定めている（法令28①）。

1）原価法

　原価法は，取得価額を基礎として，期末棚卸資産の評価額を決定する方法である。評価方法は次のように6つの方法があるが，個別法と売価還元法を除いて，種類等（棚卸資産の種類，品質，型）の異なるごとに区分して計算する。なお，売価還元法は，種類または通常の差益率の異なるごとに区分して計算される。

① 個別法

　期末棚卸資産の全部について，その個々の取得価額で評価する方法である。種類が同じ棚卸資産であっても，単価の異なるごとに個別に把握して，商品の仕入れから販売までを個別に管理できるものが，適用対象となっている。たとえば，書画骨とう，宝石，貴金属等がこれにあたる。したがって，通常1つの取引で大量に取得され，かつ，規格に応じて価額が定められているものについては，選定できないことになっている（法令28②）。このような大量かつ規格品の商品に個別法を認めると，その払出単価をそのつど調整することによって，利益操作が行われる可能性があるので，租税回避につながることを防止する意味で，その適用が制限されている。

② 先入先出法

　先に取得したものから，先に払出したものと仮定して，払出単価，期末残高を決定する方法で，買入順法とも呼ばれるものである。この方法では，期末棚卸資産の価額は，時価に近い価額で評価されることになる。価格変動が激しい場合，価格上昇時には，先に受け入れた低い単価によって売上原価が構成され利益が多く計上され，価格下降時には，先に受け入れた高い単価によって売上原価が構成されるため利益が少なく計上されるという特徴をもっている。

③ 総平均法

　期首棚卸資産と期中に取得した棚卸資産の取得価額との合計額を，これらの総数量で除した価額を期末棚卸資産の単価として計算する方法である。この方法は，加重平均法とも呼ばれる。

④　移動平均法

在庫資産と期中に取得した資産を，そのつど合計額を算出し，その総数量で除して平均単価を算出する。これを異なる単価の資産を取得するつど，順次行って払出単価とする方法である。

⑤　最終仕入原価法

その事業年度終了の時から，最も近い時に取得した棚卸資産の1単位当たりの取得価額を，期末棚卸資産の1単位当たりの取得価額とする方法である。すなわち，期中の最後の仕入単価によって，期末棚卸資産を評価するもので，実務上は非常に簡単な処理で済む。税務上は，法定評価法として定めている（法法29①，法令31①）。

⑥　売価還元法

期末棚卸資産について，通常の販売価額総額に原価率を乗じて，計算した金額を取得価額とする方法である。すなわち，売価である期末棚卸高から利益率分を控除して，棚卸資産の原価を求めようとするものである。この方法は，取り扱う商品の種類が多い小売業や卸売業などに適している。なお，原価率の算定は次のようになる。

$$原価率 = \frac{期首棚卸資産（原価）＋当期仕入高}{当期売上高＋期末棚卸資産（売価）}$$

期末棚卸資産（売価）× 原価率 ＝ 期末棚卸評価額

なお，従来，法人税法上，棚卸資産の評価方法として，後入先出法および単純平均法が規定されていたが，この2つは，以下の理由により2009（平成21）年度改正によって削除された。後入先出法は，改正企業会計基準第9号「棚卸資産の評価に関する会計基準」（2008（平成20）年9月26日，企業会計基準委員会）において，国際会計基準審議会（IASB）のIAS第2号「棚卸資産」の評価方法として後入先出法を採用しないことを受けて，会計基準の国際的なコンバージェンスを図るために削除された。また，課税上も従来から，モノの流れを反

映しておらず，物価上昇時，棚卸資産の販売益が小さく計上されるという問題点が指摘されていたことから，企業会計基準と同様な取扱いとされた。単純平均法は，企業会計上認められた方法ではないこと，適用実態がほとんどないこと等を理由に削除された。

2）低価法

低価法は，前述した方法のいずれかによって算出された期末棚卸資産の金額と，期末時におけるその時価とを比較して，いずれか低い方の価額をその評価額とする方法である（法令28①二）。この場合，税法上，時価は「事業年度終了の時における価額」（正味売却価額）（法令28①二，基通 5 − 2 − 11）とされる。低価法を適用したときの翌期の評価額については，「洗替え方式」と「切放し方式」がある。どちらを採用するかで，翌期における期首棚卸資産の評価額が異なってくる。

①　洗替え方式

期末に原価よりも時価が低いため時価で評価した場合，評価損の計上は認められるが，翌期の期首棚卸資産の評価額は，この評価損は考慮しないで，もともとの取得価額を用いる方法である。この方式が原則的な取扱いとなっている。

②　切放し方式

期末に原価よりも時価が低いため時価で評価した場合，評価損の計上は認められるが，翌期の期首棚卸資産の評価額は，この評価損による簿価の切り下げ後の金額となる。この方式は，後入先出法を基礎とする低価法には適用できない（旧法令28②）。その理由は，一度切り下げられると低い評価額が続くことになるからである。

なお，切放し方式は，2011（平成23）年度改正により廃止された。

【例　題】

第 1 期末の商品の原価1,000円，期末時の時価800円とすると，次のように
なる。

	第 1 期末原価	第 1 期末評価額	第 2 期首評価額
洗替え方式	1,000円	800円	1,000円
切放し方式	1,000円	800円	800円

※洗替え方式によるといったん第 1 期末に評価損200円を計上するが，第 2
期首に200円を振り戻すことになる。切放し方式では，評価損200円によ
って引き下げられた簿価が，そのまま継続して第 2 期首の帳簿価額となる。

（5）棚卸資産の評価方法の選定・変更

1）評価方法の選定

法人が棚卸資産の評価方法を決定するにあたっては，事業の種類ごとに，か
つ，商品，製品，半製品，仕掛品，主要原材料および補助原材料等，棚卸資産
の区分ごとに選定することになっている（法令29①）。また，評価方法の選定
をしなかった場合または選定した評価方法により評価しなかった場合は，法定
評価方法である最終仕入原価法が適用される（法法29①，法令31①）。

2）評価方法の変更

法人が，選定した評価方法を変更しようとするときは，新たな評価方法を採
用しようとする事業年度開始日の前日までに，変更しようとする理由その他の
事項を記載した変更申請書を，納税地の所轄税務署長に提出しなければならな
い。なお，当該法人がその評価法を採用してから相当期間を経過していないと
き，または変更しようとする評価方法では適正な所得金額を計算できないと認
めるときは，税務署長はその申請を却下できる（法令30①②③）。

２．固定資産の減価償却

　固定資産は，使用，時の経過等によりその経済的価値が徐々に低下していく。この価値の低下すなわち減価の原因には，①使用または時の経過による原因（物理的減価），②技術の発展や進歩，生産方式，産業構造の変化による不適応による減価（機能的減価）がある。このような減価を一定の方法により，固定資産の取得原価を基礎にして，その耐用年数にわたって配分することを減価償却という。企業会計上の理論的な根拠は，「適正な費用配分を行うことによって，毎期の損益計算を正確ならしめることである」（連続意見書第三）とされているように，「費用配分の原則」に基づいている。

　この減価償却に関する詳細な方法については，企業会計原則や会社法等において，具体的に明示されていない。実務上は，税法の規定に依拠してその処理が行われている。法人税法上，減価償却として当該事業年度に損金に算入できる金額は，その年度に償却費として損金経理した金額のうち，法人が選んだ法定の償却方法に基づいて計算した金額に達するまでの金額である（法法31①）。

　この規定は，損金の額に算入される償却費の上限を定めているにすぎない。企業の会計処理における減価償却額と税務上の減価償却の損金算入限度額が同じ金額であるとは限らない。企業の会計処理における減価償却額が，税務上の法定償却限度額を超えた場合は，償却超過額として損金不算入となり，逆に満たない場合は，償却不足として次期以降にその額が持ち越される。

　上述のように損金になる限度額を定めているにすぎないので，限度額以内ならその償却額を自由に設定することができる。まったく償却費を計上しないことも可能である。つまり，企業にとっては，減価償却費を行うかどうかは任意である。この点が，法人税法上の減価償却の大きな特徴である。

（１）減価償却資産の範囲

　固定資産のすべてが減価償却の対象となるわけではない。法人税法では，土

地（土地の上に存する権利を含む），減価償却資産，電話加入権，その他これに準ずるものが固定資産となる（法法2二十二，法令12）。この固定資産のなかで減価償却が認められるものは，以下のようになる（法令13）。

　　ただし，土地や電話加入権等は減価償却の対象とはならない。

有形固定資産	建物およびその附属設備（暖冷房設備，照明設備等） 構築物（ドック橋，岸壁，軌道，貯水池等） 機械および装置 船　舶 航空機 車両及び運搬具 工具，器具及び備品
無形固定資産	鉱業権，漁業権，ダム使用権，水利権，特許権，実用新案権，意匠権，商標権，ソフトウエア，育成者権，営業権，専用測線利用権，鉄道軌道連絡通行施設利用権，電気ガス供給施設利用権，水道施設利用権，工業用水道施設利用権，電気通信施設利用権，公共施設等運営権
生　　　物	牛，馬，豚，綿羊，やぎ かんきつ樹，りんご樹，ぶどう樹，なし樹，桃樹，びわ樹等，茶樹，オリーブ樹，つばき樹，もう宋竹，アスパラガス等

（2）非減価償却資産の範囲

　固定資産に該当するものでも，①事業の用に供していないもの，②時の経過によりその価値の減少しないものは，減価償却の対象にはならない（法令13）。たとえば，以下のようなものが該当する（基通7-1-1~4）。

① 　事業の用に供していないもの

　稼働休止中の資産，建設中の建物，機械および装置等

② 　時の経過によりその価値の減少しないもの

　土地，土地の上に存する権利（借地権，地上権等），電話加入権，書画骨とう（古美術品，彫刻，工芸品等），貴金属の素材の価額が大部分を占める資産（ガラス繊維製造用の白金製溶解炉等）

（3）少額減価償却資産の取得価額の損金算入

　減価償却資産で，使用可能期間が1年未満であるものまたは取得価額が10万円未満であるものは，これを固定資産に計上しないで，事業の用に供した事業年度に，一時に損金算入できる（法令133）。なお，取得価額が10万円未満であるかどうかは，通常，1単位として取引される単位，たとえば，工具，器具，備品などは，1個，1組，1そろいごとに判定される（基通7－1－11）。

　また，取得価額が10万円以上20万円未満の減価償却資産については，①資産計上して通常の減価償却を行う方法，②資産計上して個別管理しないで事業年度ごとに一括3年償却する方法のどちらかを選択できる（法令133の2）。

【例　題】

　A社は，当期に備品（取得価額12万円）および原付バイク（取得価額15万円）を購入し，一括償却資産として処理した。決算期における一括償却資産の損金算入限度額を答えなさい。なお，当社の事業年度は1年である。

＜解　答＞

　120,000円＋150,000円＝270,000円　一括償却資産

　$270,000 \times \dfrac{12}{36} = 90,000$円　　　　　　損金算入限度額

（4）固定資産の取得価額

　減価償却資産の取得価額について，その取得の態様に応じて次のように定めている（法令54）。それぞれ，㈚と㈻に掲げる金額の合計額である。

① 　購入した減価償却資産

　㈚　その資産の購入代価（引取運賃，荷役費，運送保険料，購入手数料，関税その他購入のために要した費用があれば，その費用を加算した金額）

　㈻　その資産を事業の用に供するために直接要した費用の額

② 　自己が建設等をした減価償却資産

　㈚　その資産の建設，製作または製造のために要した原材料費，労務費およ

　　び経費の額

　㈠　その資産の事業の用に供するために直接要した費用

③　自己が成育させた牛馬等

　㈠　牛馬等の購入に要した取得価額または種付費および出産費の額とこれを
　　成育させるために要した飼料費，労務費および経費の額

　㈡　成育させた牛馬等を事業の用に供するために直接要した費用の額

④　自己が成熟させた果樹等

　㈠　果樹等の購入に要した取得価額または種苗費の額とこれを成熟させるた
　　めに要した肥料費，労務費および経費の額

　㈡　成熟させた果樹等を事業の用に供するために直接要した費用の額

⑤　適格合併または適格分割型分割により移転を受けた減価償却資産

　㈠　被合併法人等が適格合併等の日の前日に属する事業年度において，その
　　資産の償却限度額の計算の基礎とすべき取得価額

　㈡　合併法人がその資産を事業の用に供するために直接要した費用の額

⑥　適格分社型分割，適格現物出資等により移転を受けた減価償却資産

　㈠　適格分社型分割等の日の前日を事業年度終了の日として，その資産の償
　　却限度額を計算する場合の取得価額

　㈡　分割継承法人等が，その資産を事業の用に供するために直接要した費用
　　の額

⑦　その他の方法（贈与，交換，債務の弁済等）により取得した減価償却資産

　㈠　その資産の取得時における時価

　㈡　その資産を事業の用に供するために直接要した費用の額

（5）耐用年数

1）法定耐用年数

　法定耐用年数とは，「減価償却資産の耐用年数等に関する省令」において，
資産の種類ごとに画一的に定められている耐用年数をいう（法令56）。具体的
には，資産の種類，構造または用途，細目などに区分されている。

2）中古資産の耐用年数

　企業が，新品の資産ではなく，中古資産を取得した場合は，法定耐用年数によらないで，その事業の用に供した時以後の使用可能期間を見積もり，その見積耐用年数によることができる（耐令3①）。ただし，この見積耐用年数によることができない中古資産がある。それは事業で使用するにあたって，その改良等の支出した金額が，その資産の再取得価額（新品を取得した時の価額）の50％を超えるときは，法定耐用年数によらなければならない（耐通1－5－2）。

① 中古資産の残存耐用年数の見積りの簡便法

　中古資産の残存耐用年数は，本来ならば，実際の使用可能期間を技術的に見積もって適用するべきであるが，時間と労力の問題があり現実的ではない。そこで，簡便法として，残存耐用年数の見積りが困難である場合は，次の算式によって計算した年数を残存耐用年数とすることができる。

a．法定耐用年数の全部を経過したもの

　　法定耐用年数 × 20％ ＝ 残存耐用年数

b．法定耐用年数の一部を経過したもの

　　（法定耐用年数－経過年数）＋（経過年数×20％）＝ 残存耐用年数

　なお，中古資産を事業に使用するにあたって，その改良等のために支出した金額が，その中古資産の取得価額の50％を超える場合は，簡便法は適用できない（耐通1－5－6）。

3）耐用年数の短縮

　法定耐用年数は，標準的なモデルプラントを前提にした予測年数である。したがって，個々の法人の減価償却資産にすべて適用するには，実務上困難な場合が生ずる。そこで，その減価償却資産が以下のような事由のいずれかに該当し，かつ，その使用可能期間が法定耐用年数に比べて著しく短い（使用可能期間がその法定耐用年数に比しておおむね10％以上短い年数）場合は，所轄国税局長の承認を受けて，その承認を受けた耐用年数を適用することができる（法令57，基通7－3－18）。

① その資産の材質または製作方法が，これと種類および構造を同じくする他の資産の材質または製作方法と著しく異なること。

② その資産のある地盤が隆起しまたは沈下したこと。

③ その資産が陳腐化したこと。

④ その資産が使用される場所の状況に基因して著しく腐蝕したこと。

⑤ その資産が通常の修理または手入れをしなかったことにより著しく損耗したこと。

⑥ 耐用年数省令に定める一の耐用年数を用いて償却限度額を計算すべき資産の構成が，その耐用年数を用いて償却限度額を計算すべき同一種類の他の資産の通常の構成と著しく異なること。

⑦ その資産が機械及び装置である場合に，その資産の属する設備が耐用年数省令別表第二に特掲された設備以外のものであること。

⑧ その他①から⑦までに準ずる事由

　なお，2011（平成23）年度改正において，陳腐化償却制度の廃止を受けて，耐用年数の短縮特例について，国税局長の承認を受けた未経過使用可能期間をもって耐用年数とみなすことにより，その承認後は未経過使用可能期間で償却できる制度となった。

（6）残存価額と償却可能限度額

　残存価額とは，固定資産が使用できなくなった時の処分見込価額をいう。これは見積りによって決定されるが，実務上，その価額を適正に見積もることは困難であるので，法人税法上，耐用年数と同様に，以下のように法定されている（法令56，耐令6，耐令別表11）。

① 有形減価償却資産（坑道を除く）───────── 取得価額の10％

② 無形減価償却資産および坑道 ─────── 0

③ 生物等 ───────────────その細目に応じ取得価額の5％から50％

　残存価額は，上述のように処分見込価額をいうのであるから，それ以上の額は減価償却はできないことを意味するが，ただし，有形固定資産については，

残存価額に達した後も，さらに取得価額の5％に達するまで償却することができる。これを償却可能限度額という。当然，償却可能限度額を超える額は，損金不算入になる。税務上，以下のような固定資産については，償却可能限度額まで減価償却が行われる（法令61①）。

① 有形固定資産は，取得価額の95％に相当する金額

② 坑道および無形固定資産は，その取得価額に相当する金額

③ 牛馬果樹等は，その取得価額から残存価額（取得価額の5％から50％）を控除した金額（耐令別表11）

　さらに，次のような資産は，取得価額の95％に相当する金額まで償却した後も，なお，使用している時は，1円の備忘価額を残して残額をすべて償却できる。これは特定の資産については，処分価額よりむしろ取り壊し費用の方が多くかかるという事情による（法令61②）。

　　a．鉄骨鉄筋コンクリート造，鉄骨コンクリート造，れんが造，石造またはブロック造の建物

　　b．鉄骨鉄筋コンクリート造，鉄骨コンクリート造，コンクリート造，れんが造，石造または土造の構築物または装置

（7）減価償却の方法

　原則的な減価償却の方法としては，定額法，定率法および生産高比例法があり，特別な方法として，取替法および特別な償却率による方法も認められている（法令49，50）。なお，これ以外の特別な償却方法でも，所轄税務署長の承認を受けた場合は認められる（法令48の4）。

1）定額法

　減価償却資産の取得価額から残存価額を控除した金額に，その償却費が毎年同一となるように，その資産の耐用年数に応じた償却率を乗じた金額を各事業年度の償却限度額とする方法である（法令48①）。

　　（取得価額－残存価額）× 定額法の償却率 ＝ 償却限度額

$$償却率 = \frac{1}{耐用年数}$$

2）定率法

　減価償却資産の取得価額（2回目以降の償却の場合は，未償却残高）に，その償却費が毎年一定の割合で逓減するように，その資産の耐用年数に応じた償却率を乗じた金額を各事業年度の償却限度額とする方法である（法令48①）。

　　未償却残高×定率法の償却率＝償却限度額

$$償却率 = 1 - \sqrt[n]{\frac{残存価額}{取得価額}}$$

　（注）実際には，定率法の償却率は，大蔵省令「償却率表」を用いる。

　　$n =$ 耐用年数

3）生産高比例法

　鉱業用減価償却資産の取得価額から残存価額を控除した金額を，その資産の耐用年数の期間内における鉱区の採掘予定量で除して，1単位当たりの金額を出し，その年度の採掘量を乗じた金額を償却限度額とする方法である（法令48①）。

$$（取得価額－残存価額）\times \frac{その事業年度の採掘数量}{耐用年数期間内における 鉱区の採掘予定数量} = 償却限度額$$

4）取替法

　①取替資産の取得価額の50％に達するまで，定額法または定率法による償却額と②当該資産が使用に耐えなくなったため同種類，同品質の新たな資産に取り替える場合，その新たな資産の取得価額でその年度に損金経理した金額の合計額を償却限度額とする方法である（法令49②）。なお，取替法の採用には，所轄税務署長の承認が必要である。

　この取替資産とは，軌条，枕木その他多量に同じ目的のために使用される減価償却資産で，毎期使用に耐えなくなったこれらの一部がほぼ同量ずつ取り替えられるものをいう（法令49③）。たとえば，信号機，送電線，鉄塔，電柱等がある。

5）特別な償却率による償却の方法

　漁網，活字に常用されている金属，映画用フィルム等の償却については，定額法，定率法等の通常の償却方法に代えて，所轄税務署長の認定を受けた償却率を使用して，償却限度額とすることができる（法令50）。

　　取得価額 × 認定を受けた償却率 = 償却限度額

　たとえば，映画用フィルムの特別な償却率は次のようになる（耐通4－3－3，付表六(2)）。

上映日からの経過月数	1	2	3	4	5	6	7	8	9	10
特別な償却率　　%	60	80	87	91	94	96	97	98	99	100

　このような資産は，法定耐用年数を基礎として償却するよりも，その使用回数に応じて減耗が生じるので，特別な減耗率を使用するほうが合理的であるとされる。

（8）償却方法の選定と届出・変更

　新たに法人を設立した場合，公益法人等が新たに収益事業を開始した場合，新たな減価償却資産を取得した場合，新たな事業所を設けた場合等には，その日を含む事業年度の提出期限までに，資産の種類（建物，機械，構築物等）ごと

減価償却資産の償却方法

資産の区分	選択できる償却方法
有形減価償却資産（建物を除く）	定額法，定率法
建物（1998（平成10）年3月31日以前取得分）	定額法，定率法
建物（1998（平成10）年4月1日以後取得分）	定額法
無形固定資産（鉱業権を除く），生物	定額法
鉱業用減価償却資産	定額法，生産高比例法
鉱　業　権	定額法，生産高比例法

に選定した償却方法を所轄税務署長に届けなければならない（法令51②③）。2016（平成28）年度改正において，建物付属設備・構築物は，定額法に一本化された。なお，法人が償却方法を選択しなかった場合は，法定償却方法として，有形固定資産（1998（平成10）.4.1以後取得した建物を除く）は定率法が，鉱業用減価償却資産および鉱業権は生産高比例法が，選択されたものとみなされる（法令53二）。

（9）増加償却

　機械および装置の使用時間が，その法人の通常の事業を行う場合のその機械および装置の平均的な使用時間を超える時には，次の算式により計算される金額を償却限度額とすることができる。なお，増加償却割合が10％未満の場合は適用されない（法令60，法規20①）。

　　増加償却割合 ＝ 当該機械装置の 1 日当たりの超過使用時間 $\times \dfrac{35}{1,000}$

　　増加償却限度額 ＝ 償却限度額 $\times$（1 ＋増加償却割合）

　増加償却の適用単位は，機械および装置の設備の種類ごとに適用されるが，2 以上の工場に同一種類の設備がある場合は，工場ごとに適用することができる。

　また，この適用を受けるには，増加償却を受ける旨の所定の書類を所轄税務署長へ，確定申告書（中間申告書）の提出期限までに提出しなければならない。その際，平均的な使用時間を超えて使用したことを証明する書類を保存していることが要件となる（法令60）。

（10）2007（平成19）年度改正による減価償却制度

　2007（平成19）年度改正により，2007（平成19）年 4 月 1 日以後に取得する減価償却資産の計算について，以下の点が見直された。

1）償却可能限度額および残存価額の廃止

　償却可能限度額（取得価額の95％相当額）および残存価額が廃止され，耐用年

数経過時点に「残存簿価１円」まで償却できることになった（法令48の２・61）。

２）新たな定率法（250％定率法）の導入

定額法の償却率の原則2.5倍に設定された「定率法の償却率」（耐令別表第十）が適用され，従来に比べて早い段階で，多額の償却が可能となった（法令48の２）。なお，2012（平成24）年４月１日以後に取得する減価償却資産の定率法の償却率は，定額法の償却率の200％相当に改正された。

３）新たな減価償却の計算方法

① 定額法

新たな定額法は，残存価額を考慮しないで，減価償却資産の取得価額に，その償却費が，毎年同一となるように当該資産の耐用年数に応じた「定額法の償却率」（耐令別表十）を乗じて計算した金額が，減価償却費として計上されるが，耐用年数経過時点においては，残存簿価１円まで償却できる（法令48の２①一）。

償却限度額 ＝ 取得価額 ×（耐用年数省令別表十の「定額法の償却率」）

② 定率法

200％定率法を採用した場合，耐用年数経過時点の帳簿価額を残存簿価１円まで引き下げることができない。そこで，早期償却を促す観点から，定率法で計算した償却額が一定の金額を下回る時点から，定額法に切り替えて，二段階で償却することになる。

第一段階（調整前償却額 ≧ 償却保証額の場合）

償却限度額 ＝ 期首帳簿価額 × 定率法の償却率

第二段階（調整前償却額＜償却保証額の場合）

償却限度額 ＝ 改定取得価額 × 改定償却率

ここで，調整前償却額とは，当該資産の取得価額に定率法の償却率を乗じた金額をいう。また，償却保証額とは，当該資産の取得価額にその資産の耐用年数に応じた保証率を乗じた金額をいう。

【例　題】

取得価額　1,000,000円，耐用年数　10年の減価償却資産の各年の減価償却費を定率法によって計算しなさい。なお，定率法の償却率 0.200，保証率 0.06552，改定償却率 0.250である。

年　数	1	2	3	4	5	6	7	8	9	10
期首帳簿価額	1,000,000	800,000	640,000	512,000	409,600	327,680	262,144	196,608	131,072	65,536
調整前償却額	200,000	160,000	128,000	102,400	81,920	65,536	52,429	39,321	26,214	13,107
償却保証額	65,520	65,520	65,520	65,520	65,520	65,520	65,520	65,520	65,520	65,520
改定取得価額×改定償却率							65,536	65,536	65,536	65,536
償却限度額	200,000	160,000	128,000	102,400	81,920	65,536	65,536	65,536	65,536	65,535
期末帳簿価額	800,000	640,000	512,000	409,600	327,680	262,144	196,608	131,072	65,536	1

（出所）国税庁「法人の減価償却制度の改正に関するＱ＆Ａ」平成19年4月を参照。

償却限度額の計算

1年目〜6年目　　通常の定率法により計算され，調整前償却額が限度額となる。

7年目〜9年目　　7年目において，調整前償却額 ＜ 償却保証額（52,429円 ＜ 65,520円）となるため，7年目以降，次の算式による。

262,144円（改定取得価額）×0.250（改定償却率）＝65,536円が償却限度額になる。

10年目　　　　　残存簿価1円になるまで償却できるため，65,536円−1円＝65,535円が償却限度額となる。

３．特別償却

（１）特別償却の概要

特別償却とは，企業会計上の減価償却とは別に，減価償却資産の取得価額または普通償却限度額の一定割合相当額を，特別に償却して損金に算入することである。その目的は，その時々の経済政策の一環として，公害対策，資源対策等に関し，特定の産業の保護や育成のための措置である。本制度は，わが国の経済成長に大きな貢献をしてきた制度といえるが，反面，企業間の課税の公平，

中立性という観点から，今日，多くの問題点が指摘されている。

効果としては，通常の減価償却の他に，一定額を償却することになるので，減価償却資産の早期償却を行うことができる。すなわち，特定の減価償却資産の取得時または一定期間，多額の減価償却を認めることにより，その期間の租税負担額が減少し，企業の内部留保を促進する効果がある。間接的に国から無利息融資を受けていると同様の効果が得られることになる。しかし，この租税負担の減少部分は，その後の減価償却等によって，取り戻されることになり，「課税の繰り延べ」の措置であるといえる。

この特別償却は，「初年度特別償却」と「割増償却」に大別される。

① 初年度特別償却

新規取得資産を対象とし，その資産の取得初年度に，取得価額の一定割合に相当する金額を特別償却するものである。これは，一種の取得奨励措置とみられている。

　　特別償却限度額 ＝ 取得価額 × 一定割合

② 割増償却

中古，新規両方の資産を対象としており，割増償却の適用要件を満たした年度に，その資産の普通償却限度額に一定割合を割増して償却するものである。これは一種の加速償却であり，一定の行為に対する褒賞措置とみられている。

　　特別償却限度額 ＝ 普通償却限度額 × 一定割合

なお，特別償却は，原則として青色申告書を提出した法人に限られる。

特別償却の例示

（1）初年度特別償却
① 中小企業者等が機械等を取得した場合の特別償却（措法42の6）
② 国家戦略特別区域において機械等を取得した場合の特別償却（措法42の10）
③ 地方活力向上地域等において特定建物等を取得した場合の特別償却（措法42の11の3）
④ 中小企業者等が特定経営力向上設備等を取得した場合の特別償却（措法42の12の4）
⑤ 認定特定高度情報通信技術活用設備を取得した場合の特別償却（措法42の12の6）
⑥ 事業適応設備を取得した場合等の特別償却（措法42の12の7）
⑦ 特定船舶の特別償却（措法43）　　など
（2）割増償却
① 障害者を雇用する場合の特定機械装置の割増償却（措法46）
② 事業再編計画の認定を受けた場合の事業再編促進機械等の割増償却（措法46の2）
③ 特定都市再生建築物の割増償却（措法47）
④ 倉庫用建物等の割増償却（措法48）

（2）特別償却の償却不足額の繰越

　特別償却は，租税特別措置法に規定されているものであり，ある種の租税優遇措置である。通常，税務上，減価償却不足額が生じても，一時に償却することは認められていない。このため，特別償却について，償却不足額が生じた場合，青色申告法人に限り1年間の繰越控除が認められている（措法52の2）。

（3）特別償却の経理方法

　普通償却は損金算入する要件として，損金経理が求められる。その経理方法として，対象資産の帳簿価額から減価償却費を直接控除する方法（直接減額法）および評価勘定としての減価償却累計額に繰り入れて，取得価額から控除する

方法（間接控除法）が原則的な取扱いになっている。

　一方，特別償却の経理方法は，上記の２つの方法に加えて，特別償却準備金による方法も認めている。これには，損金経理による方法と剰余金処分による方法がある。すなわち，特別償却の経理方法は，以下の４つの方法がある。

① 　**直接減額方式**

　　（借）特別償却費　　＊＊＊　　　　　　　（貸）減価償却資産　　＊＊＊

② 　**間接減額方式**

　　（借）特別償却費　　＊＊＊　　　　　　　（貸）特別償却累計額　　＊＊＊

③ 　**準備金方式**

　　（借）特別償却準備金積立額　＊＊＊　　（貸）特別償却準備金　　＊＊＊

④ 　**剰余金処分方式**

　　（借）繰越利益剰余金　　＊＊＊　　　　（貸）特別償却準備金　　＊＊＊

① 　**特別償却準備金の益金算入**

　特別償却準備金として，損金に算入された積立額は，積み立てられた事業年度の次の事業年度から７年間にわたって，均等額を取り崩して益金に算入する（措法52の3⑤）。準備金方式の場合は，繰入れ額を事後の減価償却と関連させて帳簿価額を減額させることができない。そのために，一律に７年間で，課税の回復を図るのである。また，同様に剰余金処分方式により積み立てた場合も，減価償却資産の帳簿価額とは無関係になるため申告調整において，７年間にわたって課税所得に加算される（措法52の3①，④）。

4．資本的支出と修繕費

　固定資産を取得して，その後使用する場合，その資産の維持，修理，改良等で追加的な支出を要する場合がある。この追加的な支出は，原則的には「資本的支出」と「修繕費」に税務上区分される。このような費用が生じた場合，「資本的支出」に該当すれば，その固定資産の取得価額に組み入れ，支出時に

損金処理ができない。「修繕費」に該当すれば，その費用は支出時に損金処理される。企業会計上は，この「修繕費」を「収益的支出」という。

（1）資本的支出の意義

　資本的支出とは，修理，改良その他いずれの名義をもってするかを問わず，その固定資産に対して支出する金額で次に掲げる金額をいう。ただし，次の(ア)および(イ)の両方に該当する場合は，そのいずれか多い方の金額を資本的支出として，損金の額に算入できない（法令132）。

(ア)　その支出額が，固定資産の取得時において，通常の管理または修理をしたものとした場合，予測される使用可能期間を延長させる部分に対応する金額

(イ)　その支出額が，固定資産の取得時において，通常の管理または修理をしたものとした場合，予測されるその支出時の価額を増加させる部分に対応する金額

　すなわち，資本的支出は，その資産の使用可能期間を延長させる支出であるか，その資産の価額を増加させる支出であるかが，その判断の基準になる。たとえば，次に掲げるような場合は資本的支出に該当する（基通 7 - 8 - 1 ）。

① 　資本的支出の例示

　(ア)　建物の避難階段の取付け等物理的に付加した部分に係る費用

　(イ)　用途変更のための模様替え等改造または改装に直接要した費用

　(ウ)　機械の部分品を品質または性能の高いものに取り替えた時，通常の取り替え費用を超える部分の金額

（2）修繕費の意義

　修繕費とは，固定資産の修理，改良等のために支出した金額で，その固定資産の通常の維持管理のため，または毀損した固定資産について原状に復するために要したと認められる部分の金額をいう。たとえば，次に掲げるような支出は，修繕費に該当する（基通 7 - 8 - 2 ）。

① 修繕費の例示

 (ア) 建物の移えいまたは解体移築をした場合の費用。ただし，解体移築にあたっては，旧資材の70％以上を再使用する場合で，従前の建物と同一の規模，構造の建物を再構築するものに限る。

 (イ) 機械装置の移設費用

 (ウ) 地盤沈下した土地を沈下前の状態に回復するために行う地盛の費用

 (エ) 建物，機械装置等が地盤沈下により海水等の侵害を受けることとなったために行う床上げ，地上げまたは移設に要した費用

 (オ) 現に使用している土地の水はけを良くする等のために行う砂利，砕石等の敷設および砂利道または砂利路面に砂利，砕石等を補充するための費用

（3）資本的支出と修繕費の区分

 資本的支出と修繕費の区分は，実務上困難な場合が少なくない。原則的には「使用可能期間の延長」や「価額の増加」をもたらすもの，あるいは資本的支出の例示に該当するものは，資本的支出になり，修繕費の例示に該当するものは，修繕費になるが，現実には，どちらに該当するか判断の困難な支出も多い。そこで，その判定基準として，次のような形式基準を採用している。

① 少額または周期の短い費用の損金算入

 次のような修理，改良に要した費用は，前述の「資本的支出の例示」に該当しても，修繕費として損金経理することができる（基通7−8−3）。

 (ア) 1つの修理，改良のために要した費用が20万円未満の場合

 (イ) その修理，改良がおおむね3年以内の周期で行われることが過去の実績から明らかな場合

② 形式基準による修繕費の判定

 資本的支出か修繕費かの区分が明らかでないものについて，一種の簡便法として，次のいずれかに該当する場合は，形式的に修繕費とすることができる（基通7−8−4）。

㋐　その金額が60万円に満たない場合
㋑　その金額が，当該固定資産の前期末の取得価額のおおむね10％以下である場合

（4）資本的支出と修繕費の区分の特例

上述の4つの判定基準に当てはめてみても，最終的に判断のつかない支出が生じる場合がある。こうした場合，原則に立ち返り，その効果の実質から判定することになるが，継続適用を条件に，次のいずれか少ない金額を修繕費とし，残額を資本的支出とすることができる（基通7－8－5）。
㋐　その金額の30％相当額
㋑　当該固定資産の前期末における取得価額の10％相当額

（5）災害等の場合の資本的支出と修繕費の区分の特例

災害等により，き損した固定資産に対して支出した費用のうち，資本的支出か修繕費かの区分が明らかでない場合，その全額の30％相当額を修繕費，残額を資本的支出とすることが認められる（基通7－8－6）。

5．繰延資産の償却

企業会計上，繰延資産とは，すでに対価の支払いが完了しまたは支払義務が確定し，これに対応する役務の提供を受けたにもかかわらず，その効果が将来にわたって発現すると期待されるため，経過的に貸借対照表に計上される費用をいう（企業会計原則注解15）。一方，会社法では，貸借対照表の資産の部に計上すること（会社計算規則74③）および相当の償却をすること（会社計算規則5②）と規定されるだけで具体的には企業会計上の処理に委ねている。税法上の繰延資産の取扱いも基本的に同様である。ただし，税法上の繰延資産は，企業会計のそれより範囲は広い。

（1）繰延資産の意義と範囲

　税法上，繰延資産とは，法人が支出する費用のうち，支出の効果がその支出の日以後1年以上におよぶものをいう（法法2二十四，法令14①）。これには，法人税法上固有に認められている繰延資産があり，企業会計基準委員会「繰延資産の会計処理に関する当面の取扱い」（2006（平成18）年8月11日）で挙げる5項目よりは，税法上の方が範囲は広くなっている。

① 創立費

　発起人に支払う報酬，設立登記のために支出する登録免許税その他法人の設立のために支出する費用で，その法人の負担するものをいう。

② 開業費

　会社の設立後営業を開始するまでの間に開業準備のために特別に支出する費用をいう。

③ 開発費

　新たな技術もしくは新たな経営組織の採用，資源の開発，または市場の開拓のために特別に支出する費用をいう。

④ 株式交付費

　株券等の印刷費，資本金の増加の登記についての登録免許税など自己の株式の交付のために支出する費用をいう。

⑤ 社債発行費等

　社債券等の印刷費，その他債券の発行のために支出する費用をいう。

⑥ 税法固有に認められている繰延資産（法令14①六）

　㈡　自己が便益を受ける公共的施設または共同的施設の設置または改良のために支出する費用

　㈣　資産を賃借しまたは使用するために支出する権利金，立ちのき料その他の費用

　㈥　役務の提供を受けるために支出する権利金その他の費用

　㈡　製品等の広告宣伝の用に供する資産を贈与したことにより生ずる費用

　㈭　㈡から㈡に掲げる費用のほか，自己が便益を受けるために支出する費用

（2）繰延資産の償却

　繰延資産の償却費は，法人がその事業年度において，償却費として損金経理をした金額のうち，償却限度額に達するまでの金額とされている（法法32①）。上述したように，税法上の繰延資産には，「会計基準により認められている繰延資産」と「税法固有の繰延資産」がある。

1）企業会計基準により認められている繰延資産の償却

　原則として，支出時に費用として処理されるが，それぞれ次のように繰延資産として計上することも認められている。

①　創立費

　会社成立の時から5年以内のその効果のおよぶ期間にわたって，定額法により償却する。

②　開業費

　開業の時から5年以内のその効果のおよぶ期間にわたって，定額法により償却する。

③　開発費

　支出の時から5年以内のその効果のおよぶ期間にわたって，定額法その他合理的な方法により規則的に償却する。

④　株式発行費

　企業規模の拡大のためにする資金調達などの財務活動に係る支出については，株式交付の時から3年以内のその効果のおよぶ期間にわたって，定額法により償却する。

⑤　社債発行費等

　社債発行費は，社債の償却までの期間にわたり利息法により償却する。新株予約権の発行に係る費用は，3年以内のその効果のおよぶ期間にわたって，定額法により償却する。

2）税法上の繰延資産の償却

　税法固有の繰延資産については，以下のように，その支出の効果のおよぶ期間の月数で除して，これにその事業年度の月数を乗じて計算した金額を償却限度額とする。

$$償却限度額 ＝ 繰延資産の額 \times \frac{当該事業年度の月数}{支出の効果のおよぶ期間の月数}$$

　税法上，「支出の効果のおよぶ期間」については，固定資産を利用するために支出したものはその固定資産の耐用年数，一定の契約をするために支出したものはその契約期間を，それぞれ基礎として適正に見積もった期間によることになっているが（基通8－2－1），具体的に法定されているわけではない。これは税務上の繰延資産が多様であり，その支出形態も多岐にわたっており，一律に法定することが現実的でないことによる。ただし，上述したような税法固有に認められる公共的施設などの負担金等主要なものについては，具体的に償却期間を定めている（基通8－2－3）。

（3）少額な繰延資産の損金算入

　法人が均等償却を行う繰延資産に係る費用を支出する場合，その金額が20万円未満であるものは，その支出する年度において損金経理をしたときは，損金算入が認められる（法令134）。

6．給　与

　法人税法上，法人が支給する給与は，「役員」，「使用人兼務役員」，「使用人」「特殊関係使用人」等の支出相手先によりに，その取扱いが異なっている。また，その支給形態は，給料（役員では報酬），賞与，退職給与に区分されている。

（1）使用人に対する給与等

　使用人に対する給料，賞与，退職給与等の支給は，原則として損金に算入される。このような支給は，それが労働の正当な対価であるところから，認められるものである。ただし，特殊関係使用人（役員の親族，内縁の配偶者や役員から生計の支援を受けている者等（法令72））に対する給与および退職給与は，不相当に高額な部分の金額は損金に算入されない（法法36）。この不相当に高額かどうかの判定は，役員給与の場合と同様に，その使用人の職務の内容，従事した期間，その法人の収益の状況，同業他社の支給の状況等のいわゆる「実質基準」によることになる（法令72の2）。

（2）役員に対する給与等

1）役員の範囲

　法人税法上，役員とは次のものをいう。

　役員とは，法人の取締役，執行役，会計参与，監査役，理事，監事および清算人ならびにこれら以外の者で，次に掲げるものをいう（法法2十五，法令7）。

① 　法人の使用人以外の者でその法人の経営に従事しているもの。

　　　たとえば，相談役，顧問その他これらに類する者で，その法人内で，その職務等からみて役員と同様に実質的に経営に従事していると認められるものいう（基通9−2−1）。

② 　同族会社の使用人のうち，一定の要件を満たしているもので，その会社の経営に従事しているもの（法令7，71⑤）。

2）使用人兼務役員の範囲

　使用人兼務役員とは，役員のうち，部長，課長，支店長，支配人，営業所長など使用人としての職制上の地位を有し，かつ，常時使用人としての職務に従事する者をいうが，ただし，次に掲げる役員は，これに該当しない（法法34⑤，法令71）。

a．社長，理事長，副社長，代表取締役，代表執行役，専務，常務，清算人その他これらの者に準ずる役員

　ｂ．合名会社および合資会社の業務執行社員

　ｃ．委員会設置会社の取締役，会計参与および監査役ならびに監事

　ｄ．同族会社の役員のなかで，同族会社判定の基礎となった株主グループに属
　　　して，実質的に経営に従事しているとみなされた者

　たとえば，取締役経理部長，取締役営業部長などは，「使用人としての職制」
有しているが，取締役で経理担当，営業担当という場合は，「使用人としての
職制」を有していないので使用人兼務役員には該当しない（基通９－２－５）。
また，非常勤役員も同様である。

（3）役員給与

　2006（平成18）年度改正において，役員に支給する給与について，損金の額
に算入される取扱いの見直しが行われた。改正前は，役員給与に対する考え方
は「定期」のものか「臨時」のものかという支給の形態によって損金算入の可
否を区別していた。しかし，2006（平成18）年５月１日に会社法が施行され，
役員報酬，役員賞与の性格が大きく変わって来た。たとえば，旧商法では，役
員賞与は利益処分項目であったが，会社法では，役員の報酬，賞与は職務執行
上の対価とされた（会社法361）。そこで，法人税法もこれに対応して，役員給
与を，「定期同額給与」，「事前確定届出給与」，「業績連動給与」に区分してそ
れぞれ一定の要件を満たした上で，損金に算入されるとした。

1）損金算入の役員給与

①　定期同額給与

　その支給が１カ月以下の一定の期間ごとであり，かつ，その事業年度の支給
時期における支給額が同額である給与（法法34①一）。

②　事前確定届出給与

　所定の時期に確定額を支給する旨の定めに基づいて支給する給与で，その給
与に係る職務の執行を開始する日と，その事業年度開始日から３カ月を経過す
る日のいずれか早い日までに，所轄税務署長にその内容に関する所定の届出を
しているもの（法法34①二）。

③　業績連動給与

　非同族会社の業務執行社員すべてに対して支給される給与等であり，その算定方法が有価証券報告書に記載される当期利益に関する指標・株式の市場価格の状況，売上高の状況などの指標を基礎とする客観的なものであり，一定の要件を満たすものであるもの（法法34①三，法令69）。

　なお，これら給与以外の役員給与，不相当に高額な部分の金額（法法34②），仮装経理により支給されたもの（法法34③）等については，損金不算入となる。

2）「不相当に高額な部分」の判定基準

　具体的には，上述した役員給与については，次に掲げる実質基準と形式基準によって判定され，役員退職給与は実質基準のみで判定される（法令70）。

①　実質基準

　役員に対する報酬の額が，その職務の内容，その法人の収益および使用人の給料の支給状況，その法人と類似する同種，同規模の法人における役員報酬の支払状況等に照らし，相当と認められる金額を超える場合，その超える金額。

②　形式基準

　定款の規定または株主総会等の決議により，報酬の限度額を定めている場合，各年度における役員報酬の合計額が，その限度額を超える場合，その超える金額。

（4）使用人兼務役員

　法人が，その使用人兼務役員に対して支給する使用人分給与は，原則として損金に算入される。ただし，使用人分の給与のうち使用人分の賞与については，これを他の使用人に対する賞与支給時期と異なる時期に支給した場合は，不相当に高額な給与として，損金に算入されない（法令70三）。

（5）退職給与

　退職給与とは，役員や使用人の退職という事実に基づいて，支給される臨時

的な給与であり，給料や報酬の後払いの性格を有している。これには，その名義のいかんにかかわらず，金銭はもちろん，現物，債務の免除等により支給されるものも含まれる。役員に対する退職給与は，原則として損金に算入される。ただし，不相当に高額な部分の金額は，損金に算入されない（法法34②）。

（6）給与となる経済的利益の内容

役員に対する報酬や賞与は，必ずしも金銭等で支給されるとは限らない。形を変えて，金銭の支給と同様の効果を生ずる「債務の免除による利益その他の経済的な利益」を与える場合も含まれる。この場合，経済的な利益の供与が，定期的に行われるものであれば役員報酬とされ，臨時的な供与であれば役員賞与として取り扱われる（基通9－2－9）。

次に掲げるようなものは，役員報酬，役員賞与として取り扱われるが，ただし，明らかに株主等の地位に基づいて取得したと認められるもの，病気見舞，災害見舞等のように純然たる贈与と認められるものは除かれる（基通9－2－9）。

経済的な利益の供与の例示

経 済 的 利 益 の 供 与 の 内 容
① 役員に物品その他の資産を贈与した場合，その資産の価額に相当する金額
② 役員に所有資産を低い価額で譲渡した場合，その資産の時価と譲渡価額との差額に相当する金額
③ 役員から高い価額で資産を買い入れた場合，その資産の時価と買入価額との差額に相当する金額
④ 役員に対する債権を放棄または免除した場合，その債権の額に相当する金額
⑤ 役員から債務を無償で引き受けた場合，その債務の額に相当する金額
⑥ 役員に居住用の土地や家屋を無償または低価額で提供した場合，通常受け取るべき賃借料と実際の賃借料の額との差額に相当する金額
⑦ 役員に金銭を無償または低利率で貸付けをした場合，通常受け取るべき利率の利息額と実際の利息額との差額に相当する金額

⑧	役員に無償または低価額で上記⑥および⑦に掲げるもの以外の用役をした場合，通常の対価と実際の対価の額との差額に相当する金額
⑨	役員に機密費，接待費，交際費，旅費等の名義で支給したもので，その法人の業務のために使用したことが明らかでないもの
⑩	役員の個人的費用を負担した場合，その費用の額に相当する金額
⑪	役員が本来負担すべき社交団体等の入会金，経常会費等を法人が負担した場合，その負担した費用の額に相当する金額
⑫	法人が役員を被保険者および保険受取人とする生命保険契約を締結し，その保険料の全部または一部を負担した場合，その負担した保険料の額に相当する金額

7．寄附金

　寄附金とは，無償で一定の財産を贈与することをいうが，その支出が事業活動に関連したものか，関連のないものか，必ずしも明確にすることができないという本質的な性格をもっている。企業会計上は，費用として処理されるが，税務上は，寄附金の性格を考慮して，所得金額の計算上，寄附金の額やその支出の相手先によって，損金に算入される限度額を設定している。

（1）寄附金の意義

　税務上，寄附金とは，寄附金，きょ出金，見舞金その他いずれの名義をもってするかを問わず，内国法人が金銭その他の資産や経済的な利益などの贈与または無償の供与をいう。ただし，広告宣伝費および見本費，交際費，接待費，福利厚生費となるものは除外される（法法37⑦）。また，資産の譲渡や経済的な利益の供与をした場合，時価との関連で，寄附金課税が問題となる。つまり，時価よりも，相当低い価額で，相手に資産を譲渡したような場合である。このような場合，資産の譲渡時または経済的な利益の供与時の対価の額とその時価との差額のうち，実質的に贈与または無償供与と認められる部分は，寄附金の額に含められる（法法37⑧）。

（2）寄附金の損金算入限度額

　寄附金の限度額の計算は，支出の相手先によって区分されている。すなわち，「通常の寄附金」「指定寄附金」「特定公益増進法人に対する寄附金」等に区分され，それぞれ個別に規制されている。

1）通常の寄附金

　通常の寄附金とは，「指定寄附金」や「公益増進法人に対する寄附金」に該当しない寄附金をいう。普通法人の場合，その法人の資本金等の額またはその事業年度の所得金額を基礎として，算定された一定額を限度として損金に算入される。なお，寄附金の損金算入限度額の計算の基礎となる資本金等の額は，2022（令和4）年4月1日以後に開始する事業年度から「資本金の額＋資本準備金の額」となる。

　以下の算式により計算された金額が損金算入限度額になる（法法37①，法令73①）。

　㋑　期末資本金等の金額 $\times \dfrac{当期の月数}{12} \times \dfrac{2.5}{1,000}$　　（資本基準）

　㋺　当期の所得金額 $\times \dfrac{2.5}{100}$　　　　　　　　　（所得基準）

　㋩　$(㋑＋㋺) \times \dfrac{1}{4} ＝$ 損金算入限度額

　この場合，㋺の所得金額は，寄附金を損金経理する前の金額である。なお，公益法人等については，別途損金算入限度額が規定されている。

2）指定寄附金等

　国または地方公共団体に対する寄附金および財務大臣が指定した寄附金（指定寄附金）と，大きく2種類がある。これらは，その支出が公共的な性格を有しており，むしろ奨励されるものとして，まったく別個の政策的配慮に基づいて，その全額が，損金に算入される（法法37①）。ただし，国または地方公共団体に対する寄附金であっても，その寄附金で設けられた設備を専属的に利用することなど，特別の利益を受けることになる場合は，全額損金にはならない（法法37③）。

　指定寄附金とは，民法第34条の規定により設立された公益法人その他の公

益目的の事業を行う法人または団体に対する寄附金のうち，次に掲げる要件を
満たすもので，財務大臣が指定したものをいう。

① 　広く一般に募集されること。

② 　教育または科学の振興，文化の向上，社会福祉への貢献その他公益の増進
　　に寄与するための支出で，緊急を要するものに充てられることが確実であ
　　ること。

３）特定公益増進法人および認定NPO法人に対する寄附金

　従来は，「試験研究法人等」と呼称されていたが，対象法人の範囲の拡大に
伴い，1988（昭和63）年度の改正により，現行の「特定公益増進法人」という
呼称になった。これは寄附金の支出先が，公共法人，公益法人等その他特別の
法律により設立された法人で，教育または科学の振興，文化の向上，社会福祉
への貢献など，公益の増進に著しく寄与するものである場合をいう。たとえば，
以下のような法人が対象になる。

① 　日本原子力研究所，宇宙開発事業団，国際交流基金，日本赤十字社，放送
　　大学学園，日本私学振興財団などの政府関係機関

② 　財団法人日本体育協会，財団法人日本オリンピック委員会，財団法人貿易
　　研修センターなどや学術研究を主たる目的としているもの等，民法34条
　　の規定により設立された公益法人

③ 　博物館，美術館，植物園，動物園又は水族館の設置及び管理の業務を行う
　　地方独立行政法人

④ 　就学前の子どもに関する教育，保育等の総合的な提供の推進に関する法律
　　第２条第７項に規定する幼保連携型認定こども園を設置する学校法人

⑤ 　その他，私立学校（私立学校法３）や社会福祉法人（社会福祉事業法22）に
　　対して行うもの

　以下の算式により計算された金額が損金算入限度額になる（法法37④，法令
77の2①）。

　㊞　期末資本金等の金額 $\times \dfrac{\text{当期の月数}}{12} \times \dfrac{3.75}{1{,}000}$ 　　（資本基準）

(ロ)　当期の所得金額 $\times \dfrac{6.25}{100}$ 　　　　　　　　　　　（所得基準）

(ハ)　（イ＋ロ）$\times \dfrac{1}{2}$ ＝ 損金算入限度額

【例　題】

　当社（事業年度１年）の一般寄附金，公益増進法人に対する寄附金は，以下のようになっていた。なお，期末資本等の額は，50,000,000円である。当期の所得金額を算定しなさい。

　①　一般寄附金　　　　　　　　　　　　　　　　200,000円

　②　特定公益増進法人に対する寄附金　　　　　　400,000円

　③　所得金額（寄附金を損金処理した後）　　　　2,000,000円

＜解　答＞

①　一般寄附金に対する寄附金の損金算入限度額

　　ａ．資本金基準

　　　$50,000,000 円 \times \dfrac{12}{12} \times \dfrac{2.5}{1,000} = 125,000 円$

　　ｂ．所得基準

　　　$(2,000,000 円＋600,000 円) \times \dfrac{2.5}{100} = 65,000 円$

　　ｃ．一般寄附金の損金算入限度額

　　　$(125,000 円＋65,000 円) \times \dfrac{1}{4} = 47,500 円$

②　特定公益増進法人に対する寄附金の損金算入限度額

　　ａ．資本金基準

　　　$50,000,000 円 \times \dfrac{12}{12} \times \dfrac{3.75}{1,000} = 187,500 円$

　　ｂ．所得基準

　　　$(2,000,000 円＋600,000 円) \times \dfrac{6.25}{100} = 162,500 円$

　　ｃ．特定公益増進法人の損金算入限度額

　　　$(187,500 円＋162,500 円) \times \dfrac{1}{2} = 175,000 円$

③　一般寄附金と特定公益増進法人に対する損金不算入限度額

(200,000円＋400,000円)－(47,500円＋175,000円)＝377,500円

④　課税所得金額

2,000,000円＋377,500円＝2,377,500円

（3）寄附金の損金算入時期

　寄附金は，現実に金銭等を支出した時に損金に算入される。現金主義に基づいている。これは寄附金の性格上，対価を得るための支出ではないので，贈与の一形態と見ることができ，このような書面によらない贈与は，その履行がない限りいつでも取り消しが可能となる（民法550）。このため支出時に限定している。したがって，法人が寄附金を未払処理しても，現実に支払われるまでは，損金に算入できない（法令78）。また，寄附金の支払いのために，手形の振り出し（裏書譲渡を含む）をした場合も，現実の支払いには該当しない（基通9－4－2の4）。その反対に，現実に寄附金の支払いをして，これを仮払い処理をしていた場合は，現実に支払った事業年度に，寄附金の損金算入限度額計算の対象となる（基通9－4－2の3）。一方で，寄附金を損金経理によらないで，剰余金処分とした場合は，その金額は損金に算入されない（法法37①)。

8．交際費等

（1）交際費等の意義

　社会通念上は，得意先等と取引を円滑に行うための潤滑油的な支出が交際費とされているが，租税特別措置法上，交際費は「交際費等」となっており，広い範囲に及んでいる。すなわち，「交際費等とは，交際費，接待費，機密費その他の費用で，法人がその得意先，仕入先その他事業に関係ある者等に対する，接待，供応，慰安，贈答その他これらに類する行為のため支出するものをいう」（措法61の4⑥）としている。

　ここで，「その得意先，仕入先その他事業に関係ある者等」とは，社外の者に限らず，役員や従業員等の社内に対する支出，その法人の株主に対する支出，また，間接にその法人の利害に関係ある者も含まれる（措通61の4(1)-22）。たとえば，支社から出張してきた役員の接待や大株主に対する決算の事前説明会に係る飲食費等がこれに該当することになる。

　この交際費等については，税務上，出費を抑制し，資本の充実を図る目的から，損金に算入される額に制限が加えられている。

（2）交際費等の範囲

　交際費等は，損金不算入の対象となるので，実務上，その認定についてしばしば問題となる。その範囲は，社会通念上の交際費よりはかなり広くなっており，税務上は以下のように，該当するものを例示している（措通61の4(1)-15）。

交際費等に含まれる費用の例示

交際費等に含まれる費用	留　意　事　項
① 会社の何周年記念または社屋新築記念における宴会費，交通費および記念品代ならびに新船建造または土木建築等における進水式，落成式等における費用	このような記念行事等での祭事の費用だけは交際費には該当しない。また，祝い金（祝儀）を受け取った場合，これを交際費と相殺できない。
② 下請工場，特約店，代理店等となるため，またはするための運動費等の費用	取引を結ぶために，相手方事業者に金銭または事業用資産を贈った費用は交際費に該当しない。
③ 得意先，仕入先等社外の者の慶弔，禍福に際し支出する金品等の費用	特約店等に属するセールスマンまたはその親族等に一定の基準に従い支出するもの，下請の従業員等に見舞金を支出した費用は交際費等には該当しない。
④ 得意先，仕入先その他事業に関係ある者を旅行，観劇等に招待する費用	ただし，これらの者から負担金を得ている場合は，これを除いた額が交際費等となる。
⑤ 製造業者または卸売業者がその製品または商品の卸売業者に対し，その卸売業者が小売業者等を旅行，観劇等に招待する費用の全部または一部を負担した場合のその負担額	卸売業者が小売業者等に売上割り戻しの支払いに代えて，招待した場合も，その負担額は交際費等となる。
⑥ いわゆる総会対策等のために支出する費用で総会屋等に対して会費，賛助金，寄付金，広告料，購読料等の名目で支出する金品に係るもの	明らかに広告宣伝費や雑誌の購読料等としての実態があるものは，これには該当しない。
⑦ 建設業者等が高層ビル，マンション等の建設に当たり，周辺住民の同意を得るために，その住民，関係者を旅行，観劇等に招待し，またはこれらの者に酒食を提供した場合の費用	ただし，住民説明会等で通常の昼食の程度を超えない飲食物を提供する費用は，これに当たらない。
⑧ スーパーマーケット，百貨店業等を営む法人が，既存の商店街等に進出するに際し，周辺の商店街等の同意を得るために支出する運動費等の費用	この他，地元の地方公共団体への寄付金や公共施設整備費等の形で支出された場合は，交際費等には当てはまらない。

⑨	得意先仕入先等の役員，使用人に対して取引の謝礼等として支出する金品の費用	特約店等の従業員に対する，あらかじめ定めた条件に従って支出される金品（販売奨励金等）は除く。
⑩	建設業者等が工事の入札等に際して支出するいわゆる談合金その他これに類する費用	他の取引に含まれて，支出されていても，実質的に判断される。
⑪	得意先，仕入先等社外の者に対する接待，きょう応に要した費用で，広告費，売上割戻し等に該当しないもの	交際費と類似費用との区分は，別途その取扱いが明らかにされている。

1) 交際費等の範囲に含まれないもの

　交際費等の範囲は，広範にわたっているが，種々の理由から交際費課税の対象外に置かれているものもある。これはその支出内容からみて，接待，慰安，贈答等の行為であっても，「通常要する費用」という歯止めを付して，その性格が，必ずしも損金算入の制限を受けることを適当としないものをいう（措法61の4，措令37の5）。

① 　もっぱら従業員の慰安のために行われる運動会，演芸会，旅行等のために通常要する費用

② 　カレンダー・手帳・扇子・うちわ・手ぬぐいその他これに類する物品を贈与するために通常要する費用

③ 　会議に関連して，茶菓・弁当その他これらに類する飲食物を供与するために通常要する費用

④ 　新聞・雑誌等の出版物または放送番組を編集するために行われる座談会その他記事の収集のために，または放送のための取材のために通常要する費用

⑤ 　得意先等に対して飲食費等に要する費用で，1人当たり5,000円以下の費用。なお，飲食年月日，参加氏名，人数，費用額，飲食店等の名称等を記載した書類の保存が必要である。

2) 交際費等と類似費用との区分

　本来，交際費等の定義に当てはまる，接待，慰安，贈答等であっても，支出

の内容から，交際費課税の対象とするには，実務上問題があるものがある。そこで，以下のように類似費用との区分が明らかにされている（措通61の4(1)－1～措通61の4(1)－24）。

交際費等との区分	交際費等に含まれない類似費用の例示
福利厚生費 （社内の行事に際しての支出）	① 創立記念日，国民祝日，新社屋落成式等に際し従業員（役員を含む）におおむね一律に社内で供与される通常の飲食に要する費用 ② 従業員（従業員であった者を含む）またはその親族等の慶弔，禍福に際し一定の基準に従って支給される金品に要する費用
広告宣伝費 （不特定多数の者に対する宣伝効果を意図する支出）	① 製造業者または卸売業者が，抽選により，一般消費者に対し金品を交付するため，または旅行，観劇に招待するための費用 ② 製造業者または卸売業者が，金品引換券付販売に伴い，一般消費者に金品を交付するための費用 ③ 製造業者または卸売業者が，一定の商品を購入する一般消費者を旅行，観劇等に招待することをあらかじめ広告宣伝し，その購入した者を招待する場合の費用 ④ 小売業者が商品の購入をした一般消費者に対し景品を交付するための費用 ⑤ 一般の工場見学者等に製品の試飲，試食をさせる費用 ⑥ 得意先等に対する見本品，試用品の供与に通常要する費用 ⑦ 製造業者または販売業者が，自己の製品またはその取扱商品に関して，継続的に試用を行ったまたは消費者動向調査に協力した一般消費者に，その謝礼として金品を交付するための費用
給　与 （従業員に対するもの）	① 常時支給される昼食等の費用 ② 自社の製品，商品等を原価以下で従業員に販売した場合の原価に達するまでの費用 ③ 機密費，接待費，交際費，旅費等の名義で支給したもののうち，その法人の業務のために使用したことが明らかでないもの
寄附金 （事業に直接関係のない者への金銭による贈与）	① 社会事業団体，政治団体に対する拠出金 ② 神社の祭礼等の寄贈金

（3）交際費等の損金不算入

　法人が各事業年度において支出する交際費等については，企業会計上は費用項目であるが，租税特別措置法において，原則としてその全額が損金に算入されないこととされてきた。ただし，中小法人の租税負担能力等の配慮から，期末資本金等の額が１億円以下の法人については，損金不算入額の計算上年間800万円の定額控除限度額が認められ，支出交際費等の金額のうち定額控除限度額を超える金額が損金不算入とされている。

　しかし，2014（平成26）年度税制改正において，長引く円高・デフレ状態からの脱却を目指した緊急経済対策の一環として，2014（平成26）年４月１日から2024（令和６）年３月31日までの間に開始する各事業年度の措置として，法人が各事業年度において支出する交際費等の額のうち接待飲食費の額の50％までの金額が損金として控除することが認められ，これを超える部分の金額は損金として控除することが認められないこととされている（措法61の４①）。ただし，2022（令和４）年度税制改正により，2022（令和４）年４月１日以後に開始する適用年度終了の日における資本金等の額が100億円を超える法人については，その法人が支出した交際費等の額の全額を損金不算入とすることとされた。

　なお，資本金等の額が１億円以下の中小法人の交際費等の損金不算入額の計算については，①接待飲食費の額の50％相当額を超える部分の金額とする方法と②800万円（定額控除限度額）を超える部分の金額とする方法との選択制とされている（措法61の４②）。

①　原則的損金不算入額

　　支出交際費等の額－接待飲食費の額×50％＝損金不算入額

②　中小法人の特例的損金不算入額（中小法人は①と②の選択）

$$支出交際費等の額－800万円（定額控除限度額）× \frac{当期の月数}{12} ＝損金不算入額$$

【例　題】

A社は，期末資本金2,000万円であり，事業年度は1年である。当期の支出交際費等は，8,500,000円であり，そのうち接待飲食費の額は6,000,000円であった。当期の交際費等の損金不算入額を計算しなさい。

＜解　答＞

① 原則的損金不算入額

8,500,000円－6,000,000×50％＝5,500,000円　損金不算入額

② 中小法人の特例的損金不算入額

$8,500,000円－8,000,000 \times \dfrac{12}{12} = 500,000円$　　損金不算入額

③ A社は中小法人であるから，500,000円が損金不算入額となる。

9．租税公課

租税公課とは，国や地方公共団体がその目的を遂行するために，国民から無償で，強制的に徴収するものをいう。社会構造が複雑になり，それぞれの政策の実行には，多額のコストが必要となる。この社会的なコストの資金を調達するもので，租税の種類や徴収目的も多様化している。企業会計上は，費用処理されたものであっても，税務上は，すべてが損金に算入されるわけではない。種々の理由から損金性が否定されている。

（1）損金不算入の租税公課

租税公課の内容は，国や地方公共団体によって課せられる税のほかに，制裁的な意味をもつ罰金等，法律の定めによる課徴金などがあるが，以下のような項目については，制度的または政策的な理由から，税務上損金に算入されない。

① 法人税

② 法人税に係る延滞税，過少申告加算税，無申告加算税および重加算税

③　公益法人または医療法人が納付した贈与税および相続税

④　法人税以外の国税に係る延滞税，過少申告加算税，無申告加算税，不納付加算税および重加算税ならびに印紙税法上の過怠税

⑤　道府県民税および市町村民税

⑥　地方税である延滞金，過少申告加算金，無申告加算金および重加算金

⑦　罰金および科料（外国等が課する罰金又は科料に相当するものも含む）ならびに過料

⑧　国民生活安定緊急措置法の規定による課徴金および延滞金

⑨　私的独占の禁止および公正取引の確保に関する法律の規定による課徴金および延滞金

⑩　外国もしくはその地方公共団体または国際機関が納付を命ずる独占禁止法の課徴金および延滞金に類するもの（外国課徴金）

⑪　金融商品取引法の規定による課徴金および延滞金

⑫　公認会計士法の規定による課徴金および延滞金

⑬　同族会社の第二次納税義務によって納付した国税または地方税

⑭　法人税額から税額控除する所得税額

⑮　法人税額から税額控除する外国税額

（2）損金不算入の理由

　上述のような租税公課は，それぞれ以下の理由で損金に算入されない。

①　法人税や法人住民税は，その法人の所得を課税対象にしているものであり，本来，その所得のなかから支払われるものである。また，もし，損金算入してしまうと，翌期以降，課税所得が減少して，税収が不安定化してしまう。税源の確保という観点から，租税政策的理由による（法人税，道府県民税および市町村民税）。

②　制裁的な意味をもつ租税公課や罰科金等であり，これを損金に算入するとその効果が減じられるため損金不算入としているもの（延滞税，過少申告加算税，罰金等）。

③　法人が，本来の納税義務者に代わって租税を納税した場合，この納税額を当該法人の法人税等とみなすことによる（同族会社の第二次納税義務等）。

④　法人税額控除と損金算入という二重の控除を排除するために，課税技術上の理由により損金に算入されないもの（所得税額控除，外国税額控除）。

（3）損金算入の租税公課

　法人が納付する租税公課のなかには，上記のような損金不算入になるものがあるが，一方，たとえば，次に掲げるようなものは，損金に算入される。これらは事業遂行上，必要経費としての性格を有しており，損金性を認めている。

①　申告期限延長の場合の利子税

②　事業税

③　固定資産税，都市計画税

④　自動車税，自動車取得税

⑤　特別地方消費税，酒税，印紙税

⑥　消費税

（4）租税公課の損金算入時期

1）損金算入時期

　法人が納付すべき国税および地方税は，次に掲げる区分に応じて，それぞれ損金算入時期が定められている（基通9－5－1）。

納税方式と損金算入時期

納　税　方　式	損　金　算　入　時　期	対　象　税　目
1．申告納税方式	①　納税申告書に記載された税額はその申告書が提出された日 ②　更正または決定に係る税額はその更正または決定があった日	酒税，事業税等
2．賦課課税方式	賦課決定のあった日。ただし，その納期の開始の日または実際に納付した日に損金経理した場合は，その事業年度	固定資産税，不動産取得税，自動車税等
3．特別徴収方式	①　納入申告書に係る税額はその申告の日 ②　更正または決定による不足税額はその更正または決定のあった日	軽油取引税，ゴルフ場利用税，特別地方消費税等
4．利子税ならびに地方税法による納期限の延長の場合の延滞金	納付の日。ただし，当該事業年度に係る未納額は損金経理により未払金にできる	利子税，住民税等に係る納期限延長の場合の延滞金

2）納税方式の意義

a．申告納税方式

　申告納税方式とは，原則として納税者が自ら納付すべき税額を計算し，申告をするものである。その申告がない場合，または不相当と認められる場合は税務当局の更正または決定によって税額を確定する方式である（通法16①一）。

b．賦課課税方式

　納付すべき税額が，もっぱら税務当局の処分によって確定する方式である（通法16①二）。

c．特別徴収方式

　本来の納税者から直接納付させないで，事業者（徴収義務者）が料金や対価を領収する時に，同時に税金相当額をあわせて徴収する方式である。

3）事業税の損金算入時期の特例

　事業税とは，法人の事業活動そのものに対して課税する地方税である。事業税は申告納税方式により，原則的には申告書の提出した日，更正または決定のあった日に損金に算入される。

　事業税は法人の所得金額を課税標準としており，申告書の提出による納税義務の確定は翌事業年度以降ということになる。たとえば，x１年度の確定申告書に係る事業税は，その事業年度の損金とはならず，翌事業年度のx２年度に入って，申告書を提出した日に損金に算入されることになる。ただし，中間申告分は，申告時の事業年度に納付の有無にかかわらず損金に算入される（基通９－５－２）。なお，2004（平成16）年度から，資本金１億円超の法人に対しては，外形標準課税制度が導入されている。

10．引当金

　企業会計上，引当金は，適正な期間損益計算の必要から，将来発生すると見込まれる特定の費用について，当期の収益に負担させるために見積計上した金額の「貸方科目」をいう。企業会計原則では次のような性格を有するものとしている（企業会計原則注解18）。すなわち，

①　将来の特定の費用または損失であること。

②　その発生が当期以前の事象に起因していること。

③　発生の可能性が高いこと。

④　その金額を合理的に見積もることができること。

　以上のような場合は，当期の負担に属する部分を，当期の費用または損失として引当金に繰り入れることになる。

　法人税法上の引当金は，1998（平成10）年度改正および2002（平成14）年度改正によって，賞与引当金，退職給与引当金等が廃止され，現在では，貸倒引当金，返品調整引当金のみが，限定的に損金算入が認められている。税法上，損金の算入については，「償却費以外の費用で当該事業年度終了の日までに債務の確定しないものを除く」（法法22③二カッコ書き）という規定があり，費用の認識基準として債務確定主義を採用している。この債務確定主義の考え方からすると，原則的には会計上の引当金は認められないことになる。そこで，税法は，実務に配慮するため「別段の定め」を設けて，青色申告法人だけでなく

白色申告法人にも認めている。

（1）貸倒引当金

　貸倒引当金は，1998（平成10）年度税制改正によって，大きく見直しが行われている。具体的には，従来，認められていた債権償却特別勘定を廃止して，その内容を貸倒引当金に組み入れたこと，および法定繰入率の廃止である。

　さらに，2011（平成23）年12月の改正において，法人税率の引き下げに対する課税ベースの拡大として，適用対象となる法人の範囲が，①制度上の保護が必要な中小法人，②銀行・保険会社等の金融業，③リース会社等で一定の金銭債権を有する法人などに限定されることになった。換言すれば，メーカーなどの大企業は，税法上，貸倒引当金の設定が認められなくなったということである。

貸倒引当金の設定が認められる法人には，以下のようなものがある（法法52①一，法令14の10⑥）。
- ㈠　当該事業年度終了の時において次に掲げる法人に該当する内国法人
  - ａ．普通法人のうち，資本金の額若しくは出資金の額が１億円以下であるもの又は資本若しくは出資を有しないもの
  - ｂ．公益法人等又は協同組合等
  - ｃ．人格のない社団等
- ㈡　次に掲げる法人
  - ａ．銀行法第２条第１項に規定する銀行
  - ｂ．保険業法第２条第２項に規定する保険会社
  - ｃ．a又はbに掲げるものに準ずるものとして政令で定める内国法人
- ㈢　金融取引に係る一定の金銭債権を有する法人
  　　　たとえば，法人税法第64条の２第１項の規定によりリース資産の売買があったものとされる場合のそのリース資産の対価の額に係る金銭債権を有する法人。その他，金融商品取引業者に該当する法人，質屋である法人

等がある。

以上のような範囲に該当する法人については，個別評価金銭債権に対する貸倒引当金および一括評価金銭債権に対する貸倒引当金の設定をすることができる。

貸倒引当金とは，売掛金，貸付金等の金銭債権について，次期以降に貸倒れが発生した場合，現実に発生した事業年度の収益に対応させるのではなく，その金銭債権が発生した事業年度に負担させるためのものである。法人税法上，法人が，その有する金銭債権の貸倒れその他これに類する事由により損失の見込額として，損金経理により貸倒引当金勘定に繰り入れた金額は，その金額のうち，一定の繰入限度額の範囲内で損金の額に算入する（法法52①）。

この繰入限度額の計算は，次のように，期末金銭債権を個別に回収不能見込額を計算する債権（個別に評価する債権）と一括して回収不能見込額を計算する債権（一括評価する債権）とに区分して，その合計額が繰入限度額となる（法法52①，法令96）。

① 個別に評価する金銭債権

期末において，その一部につき貸倒れその他これに類する事由による損失が見込まれる金銭債権のその損失見込額の合計額である。これは，従来の債権償却特別勘定の内容を引き継いだものとなっている。具体的には，次のような事由がその対象となる（法令96①）。

(イ) その金銭債権が次に掲げる事由に基づいてその弁済を猶予され，または賦払いにより弁済される場合，その金銭債権額のうち，その事由が生じた事業年度終了日の翌日から5年を経過する日までに弁済される金額以外の金額。

a. 会社更生法または金融機関の更生手続の特例等に関する法律の規定による更生計画認可の決定

b. 民事再生法の規定による再生手続開始の決定

c. 会社法の規定による特別精算に係る協定の認可の決定

d. 法令の規定による整理手続によらないで，関係者の協議決定で次に掲げるもの

(a) 債権者集会の協議決定で合理的な基準により債権者の負債整理を定めて
いるもの

(b) 行政機関，金融機関その他第三者のあっせんによる当事者間の協議によ
り締結された契約でその内容が(a)に準ずるもの

(ロ) 上記(イ)の適用があるもの以外で，債務者について，債務超過の状態が相
当期間継続し，その営む事業に好転の見通しがないこと，災害，経済事情
の急変等により多大な損害が生じたことその他の事由が生じていることに
より，その金銭債権の一部について，取立て等の見込みがないと認められ
る場合，それに該当する一部の金額。

(ハ) 上記(イ)，(ロ) の適用があるもの以外で，債務者について，次の事由が生じ
ている場合，その金銭債権の100分の50に相当する金額。ただし，担保
権の実行，保証債務の履行等取立て等の見込みがあると認められる部分は
除く。

a．会社更生法又は金融機関等の更生手続の特例等に関する法律の規定による
更生手続開始の申立て

b．民事再生法の規定による再生手続開始の申立て

c．破産法の規定による破産の申立て

d．会社法の規定による特別精算開始の申立て

e．手形交換所による取引停止処分があったこと

(ニ) 外国の政府，中央銀行または地方公共団体に対する金銭債権のうち，長期
にわたる債務の履行遅滞によりその経済的な価値が著しく減少し，かつ，
その弁済を受けることが著しく困難であると認められる事由が生じている
金銭債権の100分の50に相当する金額。

② 一括評価する金銭債権

一括評価の対象となる金銭債権は，期末において有する売掛金，貸付金その
他これらに準ずる金銭債権（個別評価の対象となった金銭債権は除く）とされる
（法法52②）。個別評価の対象となる金銭債権と区別するために，この一括評価
の対象となるものは「一般売掛債権等」と呼ばれる（法令96②）。「その他これ

らに準ずる金銭債権」には，たとえば，未収金，未収手数料等（基通11−2−16⑴），法人が他人のために立て替え払いをした立替金（将来精算される費用の前払いとして処理される仮払金や仮払の旅費等は含まれない）（基通11−2−16⑵），未収の損害賠償金で益金の額に算入されたもの（基通11−2−16⑶），保証債務を履行した場合の求償権等がある（基通11−2−16⑷）。

③　繰入限度額の計算

　貸倒引当金の繰入限度額は，次の金額の合計額となる。

　　　個別評価の貸倒引当金繰入限度額 ＋ 一括評価の貸倒引当金限度額
　　＝ 貸倒引当金繰入限度額

　個別評価の貸倒引当金繰入限度額は，個々に算定されるが，一括評価の貸倒引当金限度額は，以下のように計算される。

　　　期末時の一般売掛債権等の帳簿価額合計額 × 貸倒実績率 ＝ 繰入限度額

$$\left. \begin{array}{c} \text{当該事業年度開始日前3年以内に} \\ \text{開始した各事業年度の一般売掛債} \\ \text{権等の貸倒損失の額} \end{array} + \begin{array}{c} \text{個別評価貸倒} \\ \text{引当金の（繰} \\ \text{入額−戻入額）} \end{array} \right\} \times \dfrac{12}{\begin{array}{c} \text{左の各事業} \\ \text{年度の月数} \end{array}}$$

$$\dfrac{\begin{array}{c}\text{当該事業年度開始日3年以内に開始した各事業}\\ \text{年度末の一般売掛債権等の帳簿価額の合計額}\end{array}}{} \div \text{左の各事業年度の数}$$

　＝貸倒実績率

　なお，貸倒引当金に繰り入れられた金額は，翌事業年度に洗い替えて益金の額に算入されることになる（法法52条⑨）。

④　中小企業における貸倒引当金の特例

　中小企業は，自己資本も小さく債権回収がうまくいかないと，大企業に比して経営に大きな影響を与えることになる。そこで中小企業等に対する政策的な配慮として，特例を設けている。貸倒引当金の法定繰入率は，上述のように1998（平成10）年度改正で廃止されたが，中小企業の特例では，法定繰入率による方法は認められている。この貸倒引当金の対象となる中小企業等とは，資

本金１億円超の普通法人および相互会社以外の法人である（措法57の９①，措令33の７①）。中小企業の法定繰入率は，以下のようになる（措令33の７④）。

中小企業の法定繰入率

業　種　区　分	法定繰入率
卸売業および小売業	1,000分の10
製造業	1,000分の8
金融および保険業	1,000分の3
割賦販売小売業および包括信用購入あっせん業および個別信用購入あっせん業	1,000分の7
その他の事業	1,000分の6

（2）返品調整引当金

　出版業，医薬品，化粧品，既製服等の製造業などの特定の事業を営む業界では，通常の販売形態と異なり，得意先から注文を受け販売するだけでなく，注文がなくても商品等を送りつけ，売れ残った商品等はいつでも無条件に返品として受け入れるというような商慣習がある場合がある。

　そこで，このような事業を営む法人で，常時，その販売する棚卸資産の大部分について，その販売の際の価額による買戻の特約等を結んでおり，その棚卸資産の特約に基づく買い戻しによる損失の見込額を，返品調整引当金として損金経理した金額については，繰入限度額までを損金の額に算入される（旧法法53）。

　なお，2018（平成30）年度税制改正において，この返品調整引当金は廃止された。その理由は，企業会計基準委員会，企業会計基準第29号「収益認識に関する会計基準」等の公表を受けたものである。経過措置として，2021（令和３）年３月31日までに開始する事業年度については，現行どおり引当てが認められるが，その後，2030（令和12）年度までについては，現行の損金算入限度額に対して10分の１ずつ縮小した額の引当てが認められる（平成30年改正法附則５①，平成30年改正令附則８①）。

① 特約の内容

(イ) その法人が，販売先からの求めに応じて，その販売した棚卸資産を当初の販売価額によって無条件に買い戻すこと。

(ロ) 販売先において，その法人から棚卸資産の送付を受けた場合に，その注文によるものかどうかを問わず，これを購入すること。

　要するに，特約により，一方的に商品を販売先に送りつけるが，それが返品された場合は，販売価額をもって引き取るということである。この特約は，通常，契約書等を結んでいることをいうが，特約を結んでいない場合であっても，商慣習によってその販売先との間に特約があると認められる場合は，特約があるものとして取り扱われる（旧基通11－3－1の3）。

② 繰入限度額の計算

　返品調整引当金への繰入限度額は，指定事業の種類ごとに，次の(イ)または(ロ)のいずれかの方法により計算する（旧法令150①）。

(イ) 売掛金基準による方法

　　　　期末売掛金 × 返品率 × 売買利益率 ＝ 繰入限度額

(ロ) 販売高基準による方法

　　　　期末前2カ月間の売上合計金額 × 返品率 × 売買利益率 ＝ 繰入限度額

　上記の計算方法で用いられている「返品率」および「売買利益率」は，それぞれ次の算式により求めることになる（旧法令150②③）。

$$返 品 率 = \frac{当期および当期前1年以内に開始した各期の買い戻しの合計額}{当期および当期前1年以内に開始した各期の売上高の合計額}$$

$$売買利益率 = \frac{当期の売上高 - (当期売上原価 + 販売手数料)}{当期の売上高（買い戻し額を除く）}$$

　なお，上記の計算によって，損金に算入された返品調整引当金は，翌期において，全額を益金の額に算入される（旧法法53⑦）。原則的には，洗替え法が適用される。

11. 準備金

　準備金は，引当金と同様の性格を有しているといってよいが，将来の発生可能性や収益との対応関係が必ずしも明確ではない。その多くは，特定の事業に対してのみ適用されるもので，租税特別措置法において認められている。その特徴は，以下のようになる。

① その設定目的が，租税政策目的であり収益との対応関係が明確ではない。
② 一般に準備金の積立ては，課税の繰延べの効果をもち，利益留保の性格を有している。
③ 特定の事業（業種）に対してのみ，その適用が認められている。
④ 準備金を設定できる期間が限定されている。

（1）準備金の共通事項

　各種準備金に共通する事項は，次のようになる。

① 課税の繰延べという税法上の恩典の性格を有しているため，青色申告法人であること。
② 準備金は，内部取引であり，利益留保性の性格を有しているため，損金経理の要件および剰余金処分による積立ての方法より設定することを認めている。
③ 準備金の積立額の損金算入の適用を受けるためには，確定申告書にその積立額の損金算入に関する明細の記載があり，かつ，積立額の計算に関する明細書の添付があること。

（2）各種準備金の例示

　たとえば，租税特別措置法には，次のような準備金がある。

　海外投資等損失準備金（措法55），中小企業事業再編投資損失準備金（措法56），原子力発電施設解体準備金（措法57の4），保険会社等の異常危険準備金（措法57の5・57の6），特定船舶に係る特別修繕準備金（措法57の8），探鉱準

備金または海外探鉱準備金（措法58），農業経営基盤強化準備金（措法61の 2 ）。

（3）準備金の経理方法

　準備金の積立てによる経理方法としては，損金経理による方法と剰余金の処分により積み立てる方法が認められている。このいずれの方法による場合にも，損金算入が認められることになる。なお，剰余金処分による場合は，申告調整により減算されることになる。また，準備金の積立てとその取り崩しは，原則的には別々に経理すべきであるが，企業会計の実務慣行に配慮して，両者を相殺処理することも認められている（措通55～57の 9 （共）－ 1 ）。このような処理をする場合は，確定申告書に添付する明細書に相殺前の繰入額等を明らかにしなければならない。

（4）海外投資等損失準備金

　海外投資等損失準備金は，わが国の法人が，新開発地域（たとえば旧ソ連・中央アジア等の開発途上国として指定されている地域）に，進出して事業を営む現地企業や海外において資源の開発を行う現地企業に対する投資を奨励する意味で設けられたものである。

　これは，青色申告書を提出している内国法人が，1973（昭和48）年 4 月 1 日から2024（令和 6 ）年 3 月31日までの期間に，一定の新開発地域において事業活動をしている企業（特定法人）に投資を行い，その株式（特定株式等）を所有している場合，その地域の経済的，政治的不安，資源開発の不成功等によって生じる株式価格の低落のリスクに備えるために，その株式等の取得価額に，以下の表に掲げる割合を乗じて計算した金額を限度として，海外投資等準備金の積立てを認め，その積立額を損金の額に算入するものである（措法55①）。

　なお，積立てにより損金経理した額が，積立限度額を超える場合は，その限度超過額は損金不算入となり，申告調整において加算される。また，海外投資等準備金として積み立てられた金額は， 5 年間据え置かれ，その後 5 年間にわたって均等に益金に算入される（措法55③）。剰余金処分によった場合は， 5

年間据え置かれ，その後5年間にわたって戻し入れるわけであるが，この場合は，その戻入額を申告調整により加算して所得金額を計算することになる。

海外投資等準備金積立割合

特 定 法 人	特 定 株 式 等	損金算入割合
① 資源開発事業法人 （③に掲げる法人を除く。）	新増資資源株式等又は 購入資源株式等	20％
② 資源開発投資法人 （④に掲げる法人を除く。）	新増資資源株式等	20％
③ 資源探鉱事業法人	新増資資源株式等又は 購入資源株式等	50％
④ 資源探鉱投資法人	新増資資源株式等	50％

【例題1】

　A社（青色申告法人）は，新開発地域に存在する特定海外事業法人B社に3,000万円出資して，B社の株式を取得した。この出資金額に対して，海外投資等損失積立金を積み立てた。損金経理方式および剰余金処分方式による経理を示しなさい。

＜解　答＞

30,000,000円×20％＝6,000,000円　積立限度額
（損金経理方式）
　（借）海外投資等損失準備金積立額　6,000,000円
　　　　　　　　（貸）海外投資等損失準備金　　　　　　6,000,000円
（剰余金処分方式）
　（借）繰越利益剰余金　　　　　　6,000,000円
　　　　　　　　（貸）海外投資等損失準備金　　　　　　6,000,000円
　※剰余金処分方式による場合は，申告調整により上記金額を加算して課税所得を算定する。

【例題 2 】

　上記の海外投資等損失準備金6,000,000円は，5年間据え置かれたので，6年目期末に益金に戻し入れることになった。

＜解　答＞

$$6,000,000円 \times \frac{12}{60} = 1,200,000円　　益金算入額$$

（損金経理方式）
　　（借）海外投資等損失準備金　　　　1,200,000円
　　　　　　　（貸）海外投資等損失準備金戻入額　　　1,200,000円
（剰余金処分方式）
　　（借）海外投資等損失準備金　　　　1,200,000円
　　　　　　　（貸）繰越利益剰余金　　　　　　　1,200,000円

12．圧縮記帳

　圧縮記帳とは，固定資産等の取得価額を圧縮（減額）して，記帳することをいう，法人税法固有の方法である。国庫補助金および工事負担金の受贈益，保険差益等は，いずれも税法上資本等取引以外の取引による収益であるので，原則として課税対象になる。しかし，これらに課税すると，対象資産の取得が困難になる。たとえば，国庫補助金を得て，固定資産を取得しようとする場合，その国庫補助金への課税は，その受け入れる補助金額の目減りを意味して，取得の障害となる。そこで，税法上，租税負担能力に配慮して，一定の要件のもとに圧縮記帳が認められている。

（1）圧縮記帳の処理と効果

　法人が，たとえば，国庫補助金等の交付を受けて固定資産を購入した場合，その固定資産の取得価額から国庫補助金受入益を減額した金額を，その固定資産の取得価額とするものである。一方，その減額した金額は，圧縮損という勘

定科目で損金に算入される。その結果，国庫補助金受入益と圧縮損が相殺され課税所得が生じないことになる。

【例　題】

　A法人は，機械装置1,000万円を取得するに際し，国庫補助金400万円の交付を受けた。なお，残額は現金で支払った。

① 　国庫補助金の交付を受けたとき

　（借）現　　　　　金　4,000,000円　（貸）国庫補助金受入益　4,000,000円

② 　国庫補助金の対象機械装置を購入したとき

　（借）機　械　装　置 10,000,000円　（貸）現　　　　　金 10,000,000円

③ 　損金経理により圧縮損を計上したとき

　（借）機械処置圧縮損　4,000,000円　（貸）機　械　装　置　4,000,000円

　以上，圧縮記帳をした場合には，固定資産の取得価額が，圧縮後の金額になる。したがって，その固定資産が減価償却資産であれば，その後の減価償却は，圧縮後の帳簿価額を基礎として計算されることになる。つまり，圧縮記帳をしなかった場合に計上される減価償却費に比べて，圧縮後の減価償却は少なく計上される。このことは，減価償却を通じて課税の回復が図られていることを意味する。

　このように，圧縮記帳は，課税の繰延べの効果をもつものである。減価償却資産の場合は，その耐用年数を通じて課税の回復を図り，また，非減価償却資産については，減価償却という費用化手段を有しないので，譲渡時まで課税が繰り延べられるが，譲渡時点において，譲渡益として一時に課税されることになる。

（2）圧縮記帳の一般的な共通事項

　圧縮記帳は，法人税法と租税特別措置法にそれぞれ固有の趣旨と内容をもって規定されているが，そこには多くの共通事項が見受けられる。

① 　圧縮記帳は，青色申告法人であるか否かに関係なく適用できる。

② 　すでに解散して精算中の法人には，原則として本制度の適用はない。

③　圧縮記帳は，原則として固定資産に限定して適用が認められ，棚卸資産には適用できない。

④　圧縮記帳による損金算入は，圧縮限度額の範囲内で確定決算において所定の経理（圧縮記帳，引当金処理，剰余金処分による処理）をすることを要件として認められる。

⑤　原則として，確定申告書等に損金算入についての明細等を記載すること。

（3）圧縮記帳の経理方法

圧縮記帳の経理方法としては，次の2つが認められている（法法42①，法令80）。

①　直接減額方式

これは，対象資産の取得価額を圧縮限度額の範囲内で損金経理により直接減額する方法である。

（借）圧縮損　＊＊＊　　　　　　（貸）資　産　＊＊＊

②　積立金方式

これは，圧縮限度額以下の金額を確定した決算において，剰余金処分により積立金として積み立てる方式である。

（借）繰越利益剰余金　＊＊＊　　（貸）圧縮積立金　＊＊＊

この方式では，積立額は申告調整によって損金の額に算入することになる。

なお，2006（平成18）年度税制改正前においては，引当金方式も認められていた。これは，圧縮限度額以下の金額を損金経理により引当金勘定に繰り入れる方法である。

（借）圧縮引当金繰入額　＊＊＊　　（貸）圧縮引当金　＊＊＊

しかし，商法改正（1981（昭和56）年）によって，このような利益留保性の引当金は設定できないことになり，実務上は用いることはなくなったと考えられ，会社法制定等に伴い引当金方式は廃止された。

（4）特別勘定による経理

法人が，圧縮記帳を適用するに際して，さまざまな条件がついている場合が

ある。たとえば，国庫補助金を受けることができるが，返還条件がついているとか，あるいは交換等では，譲渡資産と受入資産が異なる年度に行われるとか，そうした場合の適用年度の調整を行う手段として，特別勘定が用いられる。

Ⅰ．国庫補助金等

　法人が，固定資産の取得または改良に充てるために，国または地方公共団体から補助金等の交付を受け，その補助金等で，その交付の目的に適合した固定資産の取得または改良をした場合は，その金額の範囲内で圧縮記帳することができる（法法42①）。

1）返還条件付国庫補助金等

　圧縮記帳できるのは，期末までに国庫補助金等の返還を要しないことが確定しているものは，前述のような処理をすることができる。一方，交付を受けた国庫補助金等で，その期末までに返還の要否が確定していないものを返還条件付国庫補助金等という。このような補助金については，交付を受けた年度にただちに圧縮記帳をすることは適当でないので，将来，その返還を要しないことが確定するまでの間，特別勘定に経理しておくことになる（法法43①）。この特別勘定で経理した国庫補助金等の返還不要が確定した時は，以下の算式によって圧縮限度額を計算する（法令82）。

$$圧縮限度額 = \begin{array}{c} 返還を要しないことが \\ 確定した日の固定資産 \\ の帳簿価額 \end{array} \times \dfrac{\begin{array}{c} 返還を要しないこととなった \\ 国庫補助金等の金額 \end{array}}{\begin{array}{c} その固定資産の取得（改良）に \\ 要した金額 \end{array}}$$

【例　題】

　第1期期首に国庫補助金500万円を現金にて交付を受けた。交付の対象となった建物を1,000万円で同時に現金にて購入した。なお，期末までにこの国庫補助金が返還を要するかどうか確定していない。この建物については，第1期末に，減価償却費（直接法）を90万円計上している。第2期期首に，この国庫補助金について，返還を要しないことが確定した。

＜解　答＞

（第 1 期）

① 国庫補助金交付時

　（借）現　　金　5,000,000 円　　（貸）国庫補助金等受入益　5,000,000 円

② 建物購入時

　（借）建　　物　10,000,000 円　　（貸）現　　金　10,000,000 円

③ 期末時

　（借）特別勘定繰入損 5,000,000 円（貸）国庫補助金等特別勘定 5,000,000 円

④ 減価償却の計上

　（借）減価償却費　900,000 円　　（貸）建　　物　900,000 円

（第 2 期）

① 返還不要の確定時

　（借）国庫補助金特別勘定 5,000,000 円（貸）特別勘定戻入益 5,000,000 円

② 圧縮記帳時

　（借）建物圧縮損　4,550,000 円　　（貸）建　　物　4,550,000 円

　　10,000,000 円－900,000 円＝9,100,000 円

　　$9,100,000 円 \times \dfrac{5,000,000 円}{10,000,000 円} ＝ 4,550,000 円$

　このように，第 1 期において，返還が確定してない場合は，同額の国庫補助金受入益と特別勘定繰入損を計上することによって，課税所得が生じないようにしている。次期以降の確定した段階で，国庫補助金特別勘定を戻し入れることにより，益金に算入して，圧縮記帳を行うことになる。適用年度の期間的調整を特別勘定が果たしていることが理解できる。

Ⅱ．工事負担金

　電気，ガス，水道，熱供給，鉄道等の事業を営む法人が，その事業に必要な施設を設けるため，需要者や受益者から金銭または資材の交付（工事負担金）を受けて，それによって固定資産を取得した場合は，圧縮記帳を認めるという

ものである（法法45①）。この場合，損金に算入できる圧縮限度額は，その施設の取得に充てた工事負担金相当額である。

Ⅲ．保険差益

　火災等によって，法人が所有している固定資産の減失または損壊したため，保険金，共済金または損害賠償金（保険金等）の支払を受け，その保険金等をもって，その被害資産に代わる同一種類の固定資産を取得し，あるいはその被害資産もしくは代替資産を改良した場合は，圧縮記帳が認められる（法法47①）。圧縮記帳の対象となる保険金等とは，固定資産の減失または損壊があった日から３年以内に支払が確定したものに限られる（法令84）。

　（保険金等の額－被害に係る支出経費）－被害資産の被害直前の帳簿価額

　　＝保険差益

$$保険差益 \times \frac{代替資産取得に充てた保険金額}{保険金額－被害による支出経費} = 圧縮限度額$$

【例　題】

１．A社が所有している建物（取得価額　500万円，減価償却累計額　300万円）が火災のため全焼した。なお，この建物には，火災保険400万円が掛けられていた。

２．火災のため支出した経費が，20万円あった。

３．保険会社から，全額400万円の保険金を受け取った。

４．焼失した建物に代わる新築建物を600万円で取得したので，圧縮記帳をした。

＜解　答＞

① （借）建物減価償却累計額　3,000,000円　（貸）建　　　物　5,000,000円
　　　　火災未決算　　　　　2,000,000円
② （借）火災未決算　　　　　　200,000円　（貸）現　　　金　　200,000円
③ （借）現　　　金　　　　　4,000,000円　（貸）火災未決算　2,200,000円
　　　　　　　　　　　　　　　　　　　　　　　保 険 差 益　1,800,000円

④　（借）建　　　物　　　6,000,000 円　（貸）現　　　金　6,000,000 円

　　　　　　建物圧縮損　　　1,800,000 円　　　　建　　　物　1,800,000 円

　　（4,000,000 円－200,000 円）－2,000,000 円＝1,800,000 円　保険差益

$$1,800,000 \text{円} \times \frac{3,800,000 \text{円}}{4,000,000 \text{円} - 200,000 \text{円}} = 1,800,000 \text{円} \quad \text{圧縮限度額}$$

Ⅳ．交換差益

　法人が，なんらかの理由で所有する固定資産と同種の固定資産を交換する場合がある。このような場合，税法上，時価で交換が行われたものとして取り扱われる。すなわち，同一時価の固定資産を交換しても，帳簿価額と時価との差額が交換差益として生じることになり課税される。このような交換取引の障害にならないように，圧縮記帳の適用を認めて，この交換差益に対する課税を繰り延べようとするものである。

　交換による取得資産に圧縮記帳が認められるのは，次の要件をすべて満たす場合である（法法50）。

①　譲渡資産は 1 年以上所有していた固定資産であること。

②　取得資産も，同様に相手方が 1 年以上所有していた固定資産であること。

③　取得資産と譲渡資産は種類を同じくする資産であり，かつ，譲渡直前の用途と同一の用途に供したものであること。

④　交換資産は，土地，建物，機械および装置，船舶，鉱業権に限られる。

⑤　交換時における取得資産の価額と譲渡資産の価額との差額が，これらの価額のうちいずれか多い価額の20％相当額を超えないこと。

⑥　確定申告書に圧縮記帳に関する明細の記載があること。

　圧縮限度額は，交換によって取得した資産の時価が，譲渡資産の譲渡直前の帳簿価額を超える場合のその超える部分の金額，すなわち交換差益である。ただし，交換差金の授受がある場合は，次の算式によって，限度額が計算される（法令92）。

166 ········◎

① 交換差金がない場合

　取得資産の時価 −（譲渡資産の直前の帳簿価額 ＋ 諸経費の額）＝ 圧縮限度額

② **取得資産と交換差金を受けた場合**

　　取得資産の時価 −（譲渡資産の直前の帳簿価額 ＋ 諸経費の額）

$$\times \frac{\text{取得資産の時価}}{\text{取得資産の時価＋交換差金の額}} = \text{圧縮限度額}$$

③ **譲渡資産と交換差金を支出した場合**

　　取得資産の時価 −（譲渡資産の直前の帳簿価額 ＋ 諸経費の額

　　　　　　　　　　　　　　　　　＋ 交換差金の額）＝ 圧縮限度額

Ⅴ．収用等の場合の圧縮記帳

　土地収用法等の規定により，法人が所有している資産（棚卸資産を除く）を強制的に譲渡しなければならない場合がある。つまり，国や地方公共団体等が公共事業のために収用，買い取り等が，強制的に行われるのである。このような場合，法人の資産の譲渡に対しても，税法上，その譲渡益については課税対象になる。しかし，法人が任意に売却処分とするわけではなく，強制的に行われるという性格に配慮して，圧縮記帳が認められている。また，圧縮記帳に代えて，一定の条件を満たしていれば，年5,000万円までの所得の特別控除を選択することができる（措法65の2②）。

1）圧縮記帳の計算

　法人が，収用等によって譲渡した資産の対価として補償金等を得た場合，その補償金等で，収用等のあった事業年度に代替資産を取得したときは，次のような算式により圧縮限度額が計算される（措法64①）。

$$\frac{（補償金等の金額−譲渡経費）−譲渡資産の譲渡直前の帳簿価額}{補償金等の金額−譲渡経費} = 差益割合$$

　代替資産の取得価額 × 差益割合 ＝ 圧縮限度額

Ⅵ．特定資産の買換えの場合の圧縮記帳

　この制度は，土地政策，国土政策により，より有効な土地等の利用を図るために，特定の資産について買換えが行われた場合，それにより生ずる譲渡益に対し圧縮記帳を認めるものである。すなわち，1970（昭和45）年 4 月 1 日から2026（令和 8 ）年 3 月31日までの間に，法人が，所有している適用対象資産を譲渡した場合，その譲渡代金で資産を取得し，かつ，その取得日から 1 年以内に，事業の用に供したときまたは供する見込みであるときは，その取得した資産について圧縮記帳ができる（措法65の 7 ①）。

＜圧縮記帳の計算＞

　特定資産の買換えについての圧縮限度額は，次の算式によって計算される（措法65の 7 ①，⑩，措令39の 7 ）。

$$圧縮基礎取得額 \times 差益割合 \times \frac{80}{100} = 圧縮限度額$$

$$\frac{譲渡資産の譲渡対価の額－（譲渡資産の帳簿価額＋譲渡経費の額）}{譲渡資産の譲渡対価の額} = 差益割合$$

（注）圧縮基礎取得額とは，通常の場合，譲渡資産の譲渡対価の額と買換資産の取得価額のいずれか少ない金額をいう。

13．資産の評価損

　法人税法上，法人が，その保有する資産の帳簿価額を減額して，評価損を計上しても，課税所得の計算上は損金に算入されない。これは会社法（会社計算規則 5 ①）および企業会計原則（第三，五）において，原価主義を採用しており，税法も同様の考え方をとっているためである。

　ただし，法人の保有する資産（預金，貯金，貸付金，売掛金その他の債権を除く）について，災害による著しい損傷等，特別の事実が生じた場合には，損金経理を要件として評価損の損金算入が認められる（法法33②，法令68）。資産の区分に応じて，次のような「特別の事実」が生じた場合は，評価損の損金算入が認められる。

（1）棚卸資産

(イ)　当該資産が災害により著しく損傷したこと。

(ロ)　当該資産が著しく陳腐化したこと。

(ハ)　会社更生法等の規定によって，更生手続の開始決定があったことにより，その資産について評価換えをする必要が生じたこと。

(ニ)　(イ)から(ハ)までに準ずる特別の事実。

　たとえば，①破損，型くずれ，棚ざらし，品質変化等により通常の方法によって販売することができなくなったこと。②民事再生法による再生手続開始の決定があったことにより，その棚卸資産を評価換えをする必要が生じたこと（基通 9 － 1 － 5 ）。

（2）有価証券

(イ)　市場価格のある有価証券（法令119の13①〜③）の価額について，その市場価格が著しく低下したこと。

(ロ)　上記 (イ) 以外の有価証券，すなわち，市場価格のない有価証券および市場価格のある企業支配株式について，その有価証券を発行する法人の資産状態が著しく悪化したため，その価額が著しく低下したこと。

(ハ)　会社更生法等によって，更生手続開始決定より評価換えをする必要が生じたこと。

(ニ)　(ロ)または(ハ)に準ずる特別の事実が生じたこと。

（3）固定資産

　固定資産について評価損の計上が認められる特別な事実とは，次のような場合をいう（法令68三）。

(イ)　災害により著しく損傷したこと。

(ロ)　1 年以上にわたり遊休状態にあること。

(ハ)　その本来の用途に使用することができないため，他の用途に使用されたこと。

㈡　所在する場所の状況が著しく変化したこと。たとえば，立地条件の変化，
　　地盤の沈下，隆起等があった場合。

㈥　会社更生法等によって，更生手続開始決定によりその資産につき評価換え
　　をする必要が生じたこと。

㈦　㈠から㈥に準ずる特別の事実。

（4）繰延資産

　次の区分に応じて，それぞれ次に掲げる事実が生じた場合である（法令68
四）。

㈠　繰延資産（法人税固有に認められるもの）のうち，他の者の有する固定資産
　　を利用するために支出されたもの。

　a．その繰延資産となる費用の支出の対象となった固定資産について，評価
　　　損の認められる上記㈠から㈡までの事実が生じたこと。

　b．会社更生法によって，更生手続の開始決定により，その繰延資産につき
　　　評価換えをする必要が生じたこと。

　c．aまたはbに準ずる特別の事実が生じたこと。

㈡　㈠に該当しない繰延資産

　　㈠のbに掲げる事実およびこれに準ずる特別の事実。

14. 貸倒損失

　企業が事業活動を遂行する過程では，現金だけではなく，さまざまな決済手
段が用いられている。また，取引先等に融資を行う場合もあり得る。このよう
な場合，取引先等が倒産や業績不振に陥って，売掛金，貸付金その他の債権
（以下「貸金等」と呼ぶ）が回収不能になることが多い。信用取引が発達してい
る現在では避けられないことである。この貸倒損失に関して，企業会計上は保
守主義の観点から早期に貸倒れ処理することが望まれるが，税務上はこの認定
に厳しい制限を設けている。この理由は，簿外貸金を認める結果となったり，

債権切り捨て等に名を借りた実質的な贈与を損金処理することになるなど，租税回避につながる可能性もあり課税上弊害があるためである。

　税務上，貸金等が回収不能になり経済的に無価値になった場合，その金額は損金の額に算入される。この場合，重要なことは「回収不能」という事実の認定である。たとえば，債権のある取引先が行方不明になったとか，天災事故にあったなど，法律的な債権は有しているが，経済的な実態からすると，債権が消滅したに等しい場合がある。

　このような事実認定の判断基準について，次の3つの場合に区分して，損金算入の要件としている。

貸倒れ認定基準と内容

具体的な事実	税務上の取扱い
① 貸金等の全部または一部の切り捨てをした場合	その一部または全部の損金算入
② 回収不能が明らかになった貸金等の場合	その全額の損金算入
③ 一定期間取引停止後弁済がない場合	備忘価額を控除した残額の損金算入

（1）金銭債権の全部または一部の切り捨てをした場合の貸倒れ

　これは，①法律の規定による場合，②法律によらないで関係者の協議による場合，③債務免除による場合に区分して，債権が切り捨てられ，損金に算入される（基通9－6－1）。

① 　法律の規定による場合

　(イ)　会社更生法または民事再生法による更生計画の認可の決定があった場合，その決定により切捨てられることになった金額。

　(ロ)　商法の規定による特別清算に係る協定の認可，整理計画の決定，破産法の規定による強制和議の認可の決定があった場合，これらの決定により切捨てられることになった金額。

② 　法律によらないで関係者の協議による場合

　(イ)　債権者集会の協議決定で合理的な基準により債務者の負債整理を定め

ているもの。
㋺　行政機関，金融機関その他の第三者の斡旋による当事者間の協議により締結された契約でその内容が合理的な基準によるもの。
③　**債務免除による場合**
　債務者の債務超過の状態が相当期間継続し，その貸金等の弁済を受けることができないと認められる場合，その債務者に対し書面で明らかにされた債務免除額。

（2）回収不能が明らかになった貸金等の場合の貸倒れ

　貸金等が，その債務者の資産状況，支払能力等からみて，その全額が回収できないことが明らかになった場合，その事業年度に貸倒れとして損金経理をし，損金の額に算入することができる。この場合，当該貸金等に担保物がある時は，その担保物を処分した後でなければ，貸倒れとして損金経理はできない（基通9－6－2）。

　この場合の貸倒れ処理は，上述のような法的な判断基準によらないで，経済的な実態から，債権の消滅を認定するものである。結果的に当該法人の任意の判断に委ねられることになるので，その意志表明として損金経理を前提にしている。

（3）一定期間取引停止後弁済がない場合の貸倒れ

　債務者に，以下の事実が発生した場合，その債務者に対する売掛債権（売掛金，未収請負金その他これらに準ずる債権）について，法人が当該売掛債権額から備忘価額を控除した残額を貸倒れとして損金経理したときは，その額を損金に算入することができる（基通9－6－3）。
①　債務者との取引を停止した時以後，1年以上経過した場合。
　　　「取引の停止」とは，継続的な取引を行っている債務者の資産状況，支払能力等が，悪化したため，その後の取引を停止した場合をいう。したがって，不動産取引のように，たまたま取引をした場合などは，この取扱い

の適用はない。

② 同一地域の債務者に対する売掛債権の総額が，その取立てのために要する旅費その他の費用に満たない場合，その債務者に対し督促したにもかかわらず弁済がないとき。

　なお，備忘価額を付す理由は，簿外資産を防止するためである。売掛債権は貸倒れ処理した後においても，回収可能性を残しており，もし，回収された場合には，簿外資産になってしまうからである。

15. リース取引

（1）リース取引の概念

　リース取引は，その形態により，通常，ファイナンス・リース，オペレーティング・リースの2つに区別される。しかし，税務上，リース取引とは，次の要件を満たす資産の賃貸借契約に係るものをいうとしている（法法64の2③，法令131の2①②，基通12の5−1−1・12の5−1−2）。

① 賃貸借（リース）期間中に当該契約を解除することができないもの，又は，解約禁止条項がない場合でも，中途解約の場合，未経過リース料の合計額のおおむね全部（原則として90％以上）を支払うこととされていること。

② 賃借人が当該資産からもたらされる経済的利益を実質的に享受することができ，かつ，リース会社における賃貸借資産の取得価額及び付随費用の合計額のおおむね全部（原則として90％以上）を負担すべきものであること。

（2）売買取引とされるリース取引

　内国法人がリース取引を行った場合には，そのリース取引の目的となる資産（リース資産）の賃貸人から賃借人への引渡しの時に当該リース資産の売買があったものとして，当該賃貸人又は賃借人である内国法人の各事業年度の所得の金額を計算する（法法64の2①）。

1）賃貸人の処理

　法人がリース取引を行った場合には，当該リース資産の賃貸人から賃借人への引渡しの時にそのリース資産の売買があったものとして，賃貸人は各事業年度の所得の金額を計算することとなる（法64の2①）。すなわち，この場合の賃貸人（リース会社）においては，リース資産の引渡しの時に譲渡損益を計上すべきこととなる。ただし，リース取引とされる資産の引渡し（リース譲渡）は，延払基準の方法により収益の額及び費用の額を計算できることとなる（法法63①）。

　税務上，賃貸人はリース資産の引渡し時に賃借人に対しリース資産を譲渡したこととされるが，リース取引は法形式上資産の賃貸借であることからリース期間終了時には賃借人はリース資産を賃貸人に返還することとなる。すなわち，リース期間終了に伴い賃貸人が賃借人からそのリース資産の返還を受けた場合には，賃貸人は当該リース期間終了の時に当該資産を取得したものとされ，当該資産の取得価額は原則として返還の時の価額によることとされる。

2）賃借人の処理

　法人がリース取引を行った場合には，当該リース資産の賃貸人から賃借人への引渡しの時にそのリース資産の売買があったものとして，賃借人は各事業年度の所得の金額を計算することとなる（法法64の2①）。すなわち，この場合の賃借人は，自ら資産の取得をしたものとして，減価償却計算等を行うこととなる。

　この場合の減価償却方法については，所有権移転リース取引と所有権移転外リース取引とで大きく異なる。すなわち，所有権移転リース取引については，所有権の移転の時期が異なるのみで，割賦購入と経済的には同様と考えられることから，自己所有資産と同じ減価償却方法となる。一方，所有権移転外リース取引については，最終的に所有権が移転しないことから，リース期間定額法により償却することとされている（法令48の2①）。

（3）金融取引とされるリース取引

　譲受人から譲渡人に対する貸借（リース取引に該当するものに限る）を条件に資産の売買を行った場合，当該資産の種類，当該売買及び賃貸に至るまでの事情その他の状況に照らし，これらの一連の取引が実質的に金銭の貸借であると認められるときは，当該資産の売買はなかったものとし，かつ，当該譲受人から当該譲渡人に対する金銭の貸付け（金融取引）があったものとして取り扱われる（法法64の2②）。たとえば，自己所有の中古資産をリース会社にいったん譲渡し，直ちにそれをリース会社からリース契約により貸借（リースバック）した場合，この経済的実質は，譲渡ではなく，貸借人がそのリース物件を担保としてリース会社から融資を受けることと同じである。

　したがって，このような中古資産のリースバックの場合は，取引内容等からみて実質的に金融取引と認められるときには，当初からその譲渡はなかったものとして取り扱われることになる。

（4）2007（平成19）年度税制改正─所有権移転外ファイナンス・リース取引

　2007（平成19）年度の税制改正では，リース会計基準の変更に伴い，税制上所要の措置が講じられた。ファイナンス・リース取引（資産の賃貸借で，賃貸借期間中の契約解除が禁止されており，かつ，賃借人が当該資産の使用に伴って生ずる費用を実質的に負担する等の要件を満たすものをいう）のうち，リース期間の終了時にリース資産の所有権が賃借人に無償で移転するもの等以外のもの（所有権移転外ファイナンス・リース取引）は，売買取引とみなされることになった。

　また，2018（平成30）年度の改正により，現在は，本則において，リース譲渡についてのみ，延払基準及びその特例処理による収益及び費用の額を計上する方法が認められており，従来の長期割賦販売等（リース譲渡を除く。）については，経過措置として，延払基準により収益及び費用の額を計上する方法が認められていることになる。

　所有権移転外ファイナンス・リース取引の賃借人のリース資産の償却方法

は，原則として，リース期間定額法（リース期間を償却期間とし，残存価額をゼロとする定額法をいう）とする。ただし，賃借人が賃借料として経理した場合においてもこれを償却費（損金経理したもの）として取り扱うこととされた。また，所有権移転外ファイナンス・リース取引の賃貸人については，リース料総額から原価を控除した金額（リース利益額）のうち，受取利息と認められる部分の金額（リース利益額の20％相当額）を利息法により収益計上し，それ以外の部分の金額をリース期間にわたって均等額により収益計上することができるとされた。これら措置は，2008（平成20）年4月1日以後に締結する所有権移転外ファイナンス・リース契約について適用される。

　なお，2008（平成20）年3月31日以前に締結したリース契約に係る所有権移転外ファイナンス・リース取引の賃貸資産については，同年4月1日以後に終了する事業年度からリース期間定額法により償却できることとされ，リース税額控除制度を廃止する等の所要の整備が行われた。

【例　題】

　A社（事業年度1年）は，期首にリース総額60,000,000円の機械装置（耐用年数5年）をリース期間5年，リース料月額1,000,000円（内利息相当部分100,000円）でリース契約した。なお，本リース契約は，所有権移転外リース取引に該当し，元本返済部分・支払利息は定額法により計上することとしている。機械装置取得時，リース料支払い時，期末における処理を示しなさい。

＜解　答＞

取 得 時（借）機 械 装 置 60,000,000円 （貸）リ ー ス 債 務 60,000,000円
リース料支払時（借）リ ー ス 債 務　　900,000円 （貸）普 通 預 金 1,000,000円
　　　　　　　　　支 払 利 息　　100,000円
決 算 時（借）減価償却費 10,800,000円 （貸）減価償却累計額 10,800,000円
　　　　　　　　　※54,000,000×12月／60月＝10,800,000円

16．その他の費用

①　抽選券付販売に要する景品等の費用

　法人が商品等の抽選券付販売により当選者に金銭もしくは景品を交付し，または旅行，観劇等に招待することとしている場合には，これらに要する費用の額は，当選者から抽選券の引換えの請求があった日または旅行等を実施した日の属する事業年度の損金の額に算入する（基通9－7－1）。

②　金品引換券付販売に要する費用

　法人が商品等の金品引換券付販売により金品引換券と引換えに金銭または物品を交付することとしている場合には，その金銭または物品の代価に相当する額は，その引き換えた日の属する事業年度の損金の額に算入する（基通9－7－2）。

③　海外渡航費

　法人がその役員または使用人の海外渡航に際して支給する旅は，その海外渡航が，その法人の業務の遂行上必要なものであり，かつ，その渡航のため通常必要と認められる部分の金額に限り旅費として損金算入される。ただし，通常必要と認められる金額を超える部分の金額は，原則としてその役員または使用人に対する給与となる（基通9－7－6）。

④　損害賠償金

　法人の役員または使用人がした行為等によって他人に与えた損害に対し，法人がその損害賠償金を支出した場合には次のようになる（基通9－7－16）。

(1)　その損害賠償金の対象となった行為等が法人の業務の遂行に関連するものであり，かつ，故意または重過失に基づかないものである場合には，その損害賠償金は，給与以外の損金の額に算入する。

(2)　その損害賠償金の対象となった行為等が法人の業務の遂行に関連するものであるが，故意または重過失に基づくものである場合または法人の業務の遂行に関連しないものである場合には,その損害賠償金に相当する金額は,

　　その役員または使用人に対する債権とする。

　この債権については，その役員または使用人の支払能力等からみて求償できない事情にあるため，その全部または一部に相当する金額を貸倒れとして損金経理した場合には，その処理は認められる。ただし，貸倒れ等とした金額のうち，支払能力等からみて回収が確実であると認められる部分の金額については，その役員または使用人に対する給与とされる（基通 9 − 7 −17）。

⑤　自動車による人身事故に係る内払の損害賠償金

　自動車による人身事故に伴い，損害賠償金として支出した金額は，示談の成立等による確定前においても，その支出の属する事業年度に損金算入できる。この場合，その損金の額に算入した損害賠償金に相当する金額の保険金は，益金の額に算入する（基通 9 − 7 −17）。

⑥　不正行為等に係る費用等

　法人が，所得金額もしくは欠損金額または法人税の額の計算の基礎となるべき事実の全部または一部を隠ぺい仮装行為に要する費用等の額は，損金に算入されない（法法55①）。

　また法人が供与する刑法に規定する賄賂または不正競争防止法に規定する金銭その他の利益に当たるべき金銭の額および金銭以外の資産の価額ならびに経済的な利益の額の合計額に相当する費用または損失の額は損金に算入されない（法法55⑤）。

練習問題

1．法人税法上の減価償却の特徴を述べなさい。

2．特別償却制度における課税の繰延効果を説明しなさい。

3．役員に対する給与の内容を述べなさい。

4．租税公課のなかには損金不算入となるものがあるが，その理由を述べなさい。

5．引当金と税法上の準備金の差異について述べなさい。

6．税法上，圧縮記帳が必要な理由を述べなさい。

7．ファイナンス・リースが売買取引とされる要件をあげなさい。

第6章

課税所得・税額の計算

1. 課税所得計算

(1) 確定決算と税務調整

　課税所得の計算は，確定した会社法上の決算利益を基礎として，これに税法が規定する事項により修正して行われると解されている。この修正を一般に「税務調整」と呼んでいる。これには，確定決算主義と関連して次のような「決算調整」と「申告調整」の2つの調整が行われる。

　決算調整とは，課税所得計算において損金の額または益金の額に算入するために，法人が決算の段階で確定した決算において原価，費用，損失あるいは収益として会計処理する手続をいう。

　申告調整とは，課税所得の計算において損金の額または益金の額に算入するために，法人が確定決算利益（当期利益）に次のような手続きにより加算・減算して所得金額を計算する手続をいう。

[加　算]

益金算入

　企業会計においては収益に該当しないが，課税所得の計算においては益金の額に算入すること。すなわち確定決算利益の加算項目である。

損金不算入

　企業会計においては原価・費用・損失に該当するが，課税所得の計算上損金の額に算入しないこと。すなわち確定決算利益の加算項目である。

［減　算］

益金不算入

　企業会計においては収益に該当するが，課税所得の計算においては益金の額に算入しないこと。すなわち確定決算利益の減算項目である。

損金算入

　企業会計においては原価，費用，損失に該当しないが，課税所得の計算上損金の額に算入すること。すなわち確定決算利益の減算項目である。

（2）決算調整

　決算調整する事項については，この適用を受けるか否かは法人の自由選択に任されている。しかし，この調整に関連する項目は，申告書上では調整することは認められない。これには次のようなものがある。

① **損金経理を要件として損金算入が認められる事項**

　減価償却資産の償却費の損金算入（法法31）

　繰延資産の償却費の損金算入（法法32）

　特定な事実がある場合の資産の評価損の損金算入（法法33）

　業務執行役員に支給する業績連動給与の損金算入（法法34・法令69）

　交換により取得した資産の圧縮額の損金算入（法法50）

　換地処分等に伴い取得した資産の圧縮額の損金算入（措法65）

　貸倒引当金繰入額の損金算入（法法52）

　少額減価償却資産および一括償却資産の損金算入（法令133・134・133の2）

　少額繰延資産の損金算入（法令134）

　貸倒損失（金銭債権切捨てによるものを除く）の損金算入（基通9－6－2）

　など

② **損金経理のほか剰余金処分による場合も損金算入が認められる事項**

　圧縮記帳による圧縮額の損金算入・特別勘定繰入額の損金算入（法法42，法令80等）

　特別償却準備金積立額の損金算入（措法52の3）

　各種準備金積立額の損金算入（措法55等）

　など

③　所定の経理が要件とされる事項

　リース譲渡等に係る延払基準（法法63）

　長期大規模工事以外の工事に係る工事進行基準（法法64）

（3）申告調整

　申告調整する事項については，確定決算では調整する必要はないが，申告書上で調整することが認められる。これには次のようなものがある。

①　必須的申告調整事項

　資産の評価益の益金不算入（法法25）

　法人税等の還付金等の益金不算入（法法26）

　減価償却資産の償却限度超過額の損金不算入（法法31）

　繰延資産の償却限度超過額の損金不算入（法法32）

　資産の評価損の損金不算入（法法33）

　定期同額給与・事前確定届出給与・業績連動給与以外の役員給与等の損金不算入（法法34①）

　過大役員給与等の損金不算入（法法34②③）

　過大な使用人給与の損金不算入（法法36）

　寄附金の限度超過額の損金不算入（法法37）

　法人税額等の損金不算入（法法38）

　法人税額から控除する所得税（法法40）

　外国法人税額の損金不算入（法法41）

　圧縮記帳の圧縮限度超過額・特別勘定繰入額の損金不算入（法法42等）

　圧縮記帳に係る特別勘定の金額のうち要取崩額の益金算入（法法43等）

　引当金の繰入限度超過額の損金不算入（法法52等）

　引当金の要取崩額の益金算入（法法52）

　不正行為等に係る費用等の損金不算入（法法55）

準備金の積立限度超過額の損金不算入（措法55等）

準備金の要取崩額の益金算入（措法55等）

交際費等の損金不算入（措法61の4）

など

② 任意的申告調整事項

受取配当等の益金不算入（法法23）

指定寄附金等および特定公益増進法人等に対する寄附金の損金算入（法法37）

資産整理に伴う私財提供益等があった場合の欠損金の損金算入（法法59）

所得税額および外国税額の税額控除（法法68・69）

試験研究費の額が増加した場合等の法人税額の特別控除（措法42の4）

中小企業者等が機械等を取得した場合等の法人税額の特別控除（措法42の6）

新鉱床探鉱費または海外新鉱床探鉱費の特別控除（措法59）

収用換地等の所得特別控除（措法65の2等）

など

2．課税所得計算と欠損金

（1）事業年度独立の原則と欠損金

　法人税は期間税であり，その課税標準たる課税所得の計算は期間計算の前提に立っている。すなわち，各事業年度の所得の計算は，当該事業年度の益金の額から当該事業年度の損金の額を控除することによって行われ，他の事業年度には影響させないことを原則（事業年度独立の原則）としている。したがって，前期からの繰越利益または欠損金は当期の課税所得に反映させてはならない。しかし，欠損金を他の事業年度の所得との通算をまったく認めないとした場合には，租税負担の公平という観点から問題が生ずる。そこで，税法上，一定の要件を満たす欠損金について，租税負担を合理化しようとする趣旨から，損益の通算を行うこととしているのである。その態様は，次のとおりである。

（2）欠損金の繰越控除

　確定申告書を提出する法人の各事業年度開始の日前10年以内に開始した事業年度において生じた欠損金額については，当該事業年度の所得の金額の計算上，損金の額に算入することが認められる（法法57①）。

　なお，2015（平成27）年度改正により，繰越控除期間は2017（平成29）年4月1日以後開始事業年度から10年に延長され，中小法人等以外の法人の場合の繰越控除限度額は，2015（平成27）年4月1日から2017（平成29）年3月31日までの間に開始する繰越控除する事業年度については65％，2017（平成29）年4月1日以後開始する繰越控除する事業年度については50％に制限されることとなった。

　さらに，2016（平成28）年度改正では，繰越控除期間は2018（平成30）年4月1日以後開始事業年度から10年に延長されることになり，中小法人等以外の法人の場合の繰越控除限度額は，2016（平成28）年度60％，2017（平成29）年度55％，2018（平成30）年4月1日以後開始する繰越控除する事業年度から50％に制限されることになった。

　ただし，この適用を受けるには，欠損金額の生じた事業年度において青色申告書である確定申告書を提出し，かつ，その後において連続して確定申告書を提出することが必要である（法法57⑩）。

（3）欠損金の繰戻還付

　青色申告書である確定申告書を提出する事業年度において生じた欠損金額がある場合には，当該欠損金額に係る事業年度（欠損事業年度）開始の日前1年以内に開始した事業年度（還付所得事業年度）の所得にその欠損金額を繰り戻して，還付所得事業年度の所得に対する法人税額の全部または一部の還付を受けることができる（法法80①）。

　ただし，1992（平成4）年4月1日から2024（令和6）年3月31日までの間に終了する事業年度において生じた欠損金額については適用されない（措法66の13①）。なお，2009（平成21）年度税制改正により，中小企業者等の2009

（平成21）年 2 月 1 日以後に終了する事業年度において生じた欠損金について
は適用することができることとなった。

（4）災害損失金の繰越控除

　確定申告書を提出する法人については，青色申告書を提出していない場合で
あっても，各事業年度開始の日前10年以内に開始した事業年度において生じ
た欠損金額のうち，棚卸資産，固定資産又は固定資産に準ずる繰延資産につい
て震災，風水害，火災等により生じた損失の額（災害損失金額：保険金，損害賠
償金により補填された金額を除く）を超える部分の金額は欠損金の繰越控除（法
法57①）の適用はない（法法58①）。すなわち，欠損金額のうち災害損失金額
に達するまでの金額は，繰越控除の対象とされ，所得の金額の計算上損金の額
に算入されるということである。

（5）会社更生等による債務免除等の欠損金

　内国法人について，会社更生法・民事再生法等により更生手続開始の決定，
再生手続開始決定および特別清算開始の命令等があった場合には，その法人の
再生のためまたその法人の債権者の支払いに充てるために，債権者から債務の
免除を受け，役員または株主から私財の提供を受けたときには，債務免除益等
の額が生じ繰越欠損金の額等を超える場合に課税されることになる。そこで，
会社の更生等を阻害せず促進するために，次のような債務免除等の範囲内で欠
損金の損金算入措置が講じられている。

① 　更生手続開始決定があった場合

　法人について，会社更生法等の規定による更生手続開始の決定があった場合
において，特定の債権者から債務の免除を受けたとき，役員または株主等から
金銭その他の資産の贈与を受けたとき，資産の評価替えをして評価益を計上し
たときには，その該当することとなった日の属する事業年度（適用年度）前の
各事業年度において生じた欠損金額のうち，債務免除益等に達するまでの金額
は，一定の要件の下に当該適用年度の所得金額の計算上，損金の額に算入する

ことができる（法法59①）。

② **再生手続開始決定等があった場合**

　法人について，民事再生法の規定による再生手続開始の決定，会社法の規定による特別清算開始の命令，破産法の規定による破産手続開始の決定等一定の事実が生じた場合において，特定の債権者から債務の免除を受けたとき，役員または株主等から金銭その他の資産の贈与を受けたとき，資産の評価替えをして評価益を計上したときには，その該当することとなった日の属する事業年度（適用年度）前の各事業年度において生じた欠損金額のうち，債務免除益等に達するまでの金額は，一定の要件の下に当該適用年度の所得金額の計算上，損金の額に算入することができる（法法59②）。

③ **解散の場合**

　法人が解散した場合において，残余財産がないと見込まれるときはその清算中に終了する事業年度（適用年度）前の各事業年度において生じた欠損金額に相当する金額は，青色欠損金等の控除後の所得金額を限度として，適用事業年度の所得の金額の計算上，損金の額に算入することとされている（法法59③）。

　なお，債務免除益等の額が，欠損金の控除期間内に生じた欠損金額等を超える場合には，その超える部分の金額については，法人税，住民税等が課されるため，債務免除等の目的である企業の再生等は，所期の計画どおり行えないことも生ずる。これに対処して，2005（平成17）年度税制改正において，①会社更生による債務免除があった場合，②民事再生法等の法的整理または一定の私的整理による債務免除があった場合，2010（平成22）年度税制改正において，③解散法人の残余財産がないと見込まれる場合について，いわゆる期限切れ欠損金の損金算入制度が設けられた。

3．法人税率・税額

（1）法人税額の計算

　各事業年度の所得に対する法人税は，各事業年度の益金の額から損金の額を

控除して計算される各事業年度の所得の金額を課税標準とし，これに，法人の種類および資本金，所得金額に応じて定められている法人税率を適用して算出された金額から，利子・配当等について源泉徴収された所得税額または外国で納付した外国税額等がある場合にはこれらを控除し，さらに各種の特別税額控除等がある場合には，その控除後の金額が最終の法人税額となる。また中間納税額があれば，これを控除した金額が納税額となる。

　なお，同族会社が当該事業年度の所得金額のうち一定金額以上を社内に留保した場合の特別税額，当期の所得のうちに土地等の譲渡による利益がある場合の特別税額，当期に使途秘匿金の損金不算入金額がある場合の特別税額が加算される。

（2）法人税の税率

　法人の各事業年度の所得に対する法人税率は，次の表のとおりである（法法66①②③・措法42の3の2・措法68等）。

法人・所得金額の区分		税率（※）
		2018（平成30）年度〜
普通法人	期末資本金額等1億円超の法人・相互会社	23.2%
	期末資本金額等1億円以下の法人（中小法人）　年800万円以下の金額	19%（※15%）
	期末資本金額等1億円以下の法人（中小法人）　年800万円超の金額	23.2%
人格のない社団等	年800万円以下の金額	19%（※15%）
	年800万円超の金額	23.2%
協同組合等	年800万円以下の金額	19%（※15%）
	年800万円超の金額	19%
特定の協同組合等	年10億円超の金額	22%
公益法人等・特定医療法人	年800万円以下の金額	19%（※15%）
	年800万円超の金額	19%

※（　）内の税率は，2012（平成24）年4月1日から2025（令和7）年3月31日までの間に開始する各事業年度について適用される。

＜法人税額の計算例＞

　A株式会社（事業年度：2022（令和4）年4月1日～2023（令和5）年3月31日）の次の資料により，課税所得金額および法人税額（国税）を計算しなさい。

① 期末資本金額　　　　　　　　10,000,000円
② 所得金額　　　　　　　　　　12,000,000円
③ 中間納付法人税額　　　　　　　880,000円
④ 控除対象源泉所得税額　　　　　　23,250円

法人税額の計算

① 年8,000,000円相当額以下の所得金額に対する部分

$$8,000,000 \times \frac{12}{12} \times 15\% = 1,200,000 円$$

② 年8,000,000円相当額超の所得金額に対する部分

$$12,000,000 - 8,000,000 = 4,000,000 円$$

$$4,000,000 \times 23.2\% = 928,000 円$$

③ 法人税額

$$1,200,000 + 928,000 = 2,128,000 円$$

④ 地方法人税

$$2,128,000 \times 10.3\% = 219,184 \rightarrow 219,100 円 （100円未満切捨）$$

⑤ 控除所得税額

$$2,128,000 + 219,100 - 23,250 = 2,323,850 \rightarrow 2,323,800 円 （100円未満切捨）$$

⑤ 納付法人税額

$$2,323,800 - 880,000 = 1,443,800 円$$

＜確定申告書記載例＞

　次の資料により，AB商事株式会社（事業年度：2022（令和4）年4月1日～2023（令和5）年3月31日）の確定申告書（別表1・4）を作成しなさい。

(1)　期末資本金額　　　　　　　　　10,000,000円

(2)　当期利益　　　　　　　　　　　5,976,000円

(3)　税務調整事項

　①　損金算入法人税額　　　　　　500,000円（中間納付分）

　②　損金算入住民税額　　　　　　120,000円（中間納付分）

　③　損金算入納税充当金　　　　1,404,000円

　④　減価償却の限度超過額　　　　250,000円

　⑤　交際費等の損金不算入額　　　100,000円

　⑥　貸倒引当金繰入超過額　　　　 80,000円

　⑦　納税充当金からの支出事業税額　200,000円

　⑧　受取配当等の益金不算入額　　100,000円

　⑨　税額控除対象源泉所得税額　　 45,000円

〔別表 1 〕

FB0612

別表一

	年　月　日　神田 税務署長殿
納税地	東京都千代田区○○○　電話(　)　－
(フリガナ)	エービーショウジカブシキカイシャ
法人名	AB商事株式会社
法人番号	
(フリガナ)	
代表者	
代表者住所	
添付書類	

	青色申告　一連番号
	整理番号
	事業年度(至)
	売上金額
	申告年月日
	通信日付印　確認　庁指定　局指定　指導等　区分
	申告区分

青色申告

通算グループ整理番号
通算親法人整理番号
法人区分
事業種目
期末現在の資本金の額又は出資金の額　円　非中小法人
同非区分　特定／定　同／定　非同族会社
旧納税地及び旧法人名等

各事業年度の所得に係る申告書−内国法人の分──令四・四・一以後終了事業年度等分

令和 4 年 4 月 1 日　事業年度分の法人税　確定　申告書
令和 5 年 3 月 31 日　課税事業年度分の地方法人税　確定　申告書

| 税理士法第30条の書面提出有 | 適用額明細書提出の有無 |
| 税理士法第33条の2の書面提出有 | |

この申告書による法人税額の計算

項目	No.	金額
所得金額又は欠損金額 (別表四「52の①」)	1	8 1 7 5 0 0 0 0
法人税額 (52)+(53)+(54)	2	1 2 4 0 6 0 0
法人税額の特別控除額 (別表六(六)「5」)	3	
税額控除超過額相当額等の加算額	4	
土地譲渡税額 課税土地譲渡利益金額	5	0 0 0
同上に対する税額 (74)+(75)+(76)	6	
課税留保金額 (別表三(一)「4」)	7	
同上に対する税額 (別表三(一)「8」)	8	
法人税額計 (2)-(3)+(4)+(6)+(8)	9	1 2 4 0 6 0 0
	10	
仮装経理に基づく過大申告の更正に伴う控除法人税額	11	
控除税額	12	4 5 0 0 0
差引所得に対する法人税額 (9)-(10)-(11)-(12)	13	1 1 9 5 6 0 0
中間申告分の法人税額	14	4 5 0 0 0 0
差引確定法人税額	15	7 4 5 6 0 0

この申告書による地方法人税額の計算

項目	No.	金額
課税標準法人税額 所得の金額に対する法人税額	29	1 2 4 0 6 0 0
課税留保金額に対する法人税額	30	
課税標準法人税額 (29)+(30)	31	1 2 4 0 0 0 0
地方法人税額 (57)	32	1 2 7 7 2 0
課税留保金額に係る地方法人税額 (別表六(二)付表六「14の計」)	33	
課税標準法人税額 (58)	34	1 2 7 7 2 0
所得地方法人税額 (32)+(33)+(34)	35	1 2 7 7 2 0
	36	
仮装経理に基づく過大申告の更正に伴う控除額	37	
外国税額の控除額 (別表六(二)「のうち少ない金額」)	38	
差引地方法人税額 (36)-(37)-(38)	39	1 2 7 0 0 0
中間申告分の地方法人税額	40	5 0 0 0 0
差引地方法人税額	41	7 7 0 0

控除税額の計算

項目	No.	金額
所得税の額 (別表六(一)「6の③」)	16	4 5 0 0 0
外国税額 (別表六(二)「24」)	17	
計 (16)+(17)	18	4 5 0 0 0
控除した金額 (12)	19	4 5 0 0 0
控除しきれなかった金額 (18)-(19)	20	

この申告による還付金額

項目	No.	金額
所得税額等の還付金額	21	
中間納付額 (14)-(13)	22	
欠損金の繰戻しによる還付請求税額	23	
計 (21)+(22)+(23)	24	

この申告が修正申告である場合

項目	No.	金額
この申告前の所得金額又は欠損金額 (59)	25	
この申告により納付すべき法人税額又は減少する還付請求税額 (64)	26	0 0
欠損金又は災害損失金等の当期控除額	27	
翌期へ繰り越す欠損金又は災害損失金 (別表七(一)「5の合計」)	28	

外国税額の還付金額 (79)	42	
中間納付額 (40)-(39)	43	
計 (42)+(43)	44	
この申告前の地方法人税額	45	
この申告により納付すべき地方法人税額	46	
課税標準法人税額 (69)	47	0 0 0
この申告により納付すべき地方法人税額	48	0 0

剰余金・利益の配当(剰余金の分配)の金額

還付を受けようとする金融機関等　銀行　本店・支店　郵便局名等

税務署処理欄

| 税理士署名 | |

〔別表 1　次葉〕

事　業年度等	令和　4・4・1令和　5・3・31	法人名	AB商事株式会社

別表一次葉

令四・四・一　以後終了事業年度等分

法 人 税 額 の 計 算

(1)のうち中小法人等の年800万円相当額以下の金額 (1)と800万円×$\frac{12}{12}$のうち少ない金額(別表一「4」)	49	8,000,000	(49)の15%又は19%相当額	52	1,200,000
(1)のうち特例税率の適用がある協同組合等の年10億円相当額を超える金額 (1)−10億円×$\frac{12}{12}$	50		(50)の 22 % 相 当 額	53	
その他の所得金額 (1)−(49)−(50)	51	175,000	(51)の19%又は23.2%相当額	54	40,600

地 方 法 人 税 額 の 計 算

所得の金額に対する法人税額 (29)	55	1,240,000	(55)の 10.3 % 相 当 額	57	127,720
課税留保金額に対する法人税額 (30)	56		(56)の 10.3 % 相 当 額	58	

こ の 申 告 が 修 正 申 告 で あ る 場 合 の 計 算

法人税額の計算	この申告前の	所得金額又は欠損金額	59	地方法人税額の計算	この申告前の	所得の金額に対する法 人 税 額	67	
		課税土地譲渡利益金額	60			課税留保金額に対する法 人 税 額	68	
		課 税 留 保 金 額	61			課 税 標 準 法 人 税 額 (67)+(68)	69	
		法 人 税 額	62			確 定 地 方 法 人 税 額	70	
		還 付 金 額	外　63			還 付 金 額	71	
	この申告により	この申告により納付すべき法人税額又は減少する還付請求税額 ((15)−(62))若しくは((15)+(63))又は(63)−(24))	外　64		この申告により	欠損金の繰戻しによる還 付 金 額	72	
		欠損金又は災害損失金等の 当 期 控 除 額	65			この申告により納付すべき地 方 法 人 税 額 ((41)−(70))若しくは((41)+(71)+(72))又は((71)−(44))+((72)+(44の外書))	73	
		翌期へ繰り越す欠損金又 は 災 害 損 失 金	66					

土 地 譲 渡 税 額 の 内 訳

土 地 譲 渡 税 額 (別表三(二)「27」)	74		土 地 譲 渡 税 額 (別表三(三)「23」)	76	
同 上 (別表三(二の二)「28」)	75				

地 方 法 人 税 額 に 係 る 外 国 税 額 の 控 除 額 の 計 算

外 国 税 額 (別表六(二)「57」)	77		控除しきれなかった金額 (77)−(78)	79	
控 除 し た 金 額 (38)	78				

〔別表 4 〕

所得の金額の計算に関する明細書

事業年度 令和 4・4・1 令和 5・3・31　法人名 AB商事株式会社　別表四

令四・四・一以後終了事業年度分

区　分		総　額 ①	処分 留　保 ②	社外流出 ③	
当期利益又は当期欠損の額	1	5,976,000 円	5,976,000 円	配当 / その他	
加算　損金経理をした法人税及び地方法人税（附帯税を除く。）	2	500,000	500,000		
損金経理をした道府県民税及び市町村民税	3	120,000	120,000		
損金経理をした納税充当金	4	1,404,000	1,404,000		
損金経理をした附帯税（利子税を除く。）、加算金、延滞金（延納分を除く。）及び過怠税	5			その他	
減価償却の償却超過額	6	250,000	250,000		
役員給与の損金不算入額	7			その他	
交際費等の損金不算入額	8	100,000		その他	100,000
通算法人に係る加算額（別表四付表「5」）	9			外※	
貸倒引当金限度超過	10	80,000	80,000		
小　計	11	2,454,000	2,354,000	外※	100,000
減算　減価償却超過額の当期認容額	12				
納税充当金から支出した事業税等の金額	13	200,000	200,000		
受取配当等の益金不算入額（別表八(一)「13」又は「26」）	14	100,000		※	100,000
外国子会社から受ける剰余金の配当等の益金不算入額（別表八(二)「26」）	15			※	
受贈益の益金不算入額	16			※	
適格現物分配に係る益金不算入額	17			※	
法人税等の中間納付額及び過誤納に係る還付金額	18				
所得税額等及び欠損金の繰戻しによる還付金額等	19			※	
通算法人に係る減算額（別表四付表「10」）	20			※	
	21			※	
小　計	22	300,000	200,000	外※	100,000
仮　計 (1)+(11)-(22)	23	8,130,000	8,130,000	外※	△100,000 / 100,000
対象純支払利子等の損金不算入額（別表十七(二の二)「29」又は「34」）	24			その他	
超過利子額の損金算入額（別表十七(二の三)「10」）	25			※	
計 ((23)から(25)までの計)	26	8,130,000	8,130,000	外※	△100,000 / 100,000
寄附金の損金不算入額（別表十四(二)「24」又は「40」）	27			その他	
沖縄の認定法人又は国家戦略特別区域における指定法人の所得の特別控除額	28			※	
法人税額から控除される所得税額（別表六(一)「6の③」）	29	45,000		その他	45,000
税額控除の対象となる外国法人税の額（別表六(二の二)「7」）	30			その他	
分配時調整外国税相当額及び外国関係会社等に係る控除対象所得税額等相当額（別表六(五の二)「5の②」＋別表十七(三の六)「1」）	31			その他	
組合等損失額の損金不算入額又は組合等損失超過合計額の損金算入額（別表九(二)「10」）	32				
対外船舶運航事業者の日本船舶による収入金額に係る所得の金額の損金算入額又は益金算入額（別表十(四)「20」、「21」又は「23」）	33			※	
合　計 (26)+(27)±(28)+(29)+(30)+(31)+(32)±(33)	34	8,175,000	8,130,000	外※	△100,000 / 145,000
契約者配当の益金算入額（別表九(一)「13」）	35				
特定目的会社等の支払配当又は特定投資信託に係る受託法人の利益の分配等の損金算入額	36				
中間申告における繰戻しによる還付に係る災害損失欠損金額の益金算入額	37			※	
非適格合併又は残余財産の全部分配等による移転資産等の譲渡利益額又は譲渡損失額	38			※	
差　引　計 ((34)から(38)までの計)	39	8,175,000	8,130,000	外※	△100,000 / 145,000
更生欠損金又は民事再生等評価換えが行われる場合の再生等欠損金の損金算入額（別表七(三)「9」又は「21」）	40			※	
通算対象欠損金額の損金算入額又は通算対象所得金額の益金算入額（別表七の二「5」又は「11」）	41			※	
当初配賦欠損金控除額の益金算入額（別表七(二)付表一「23の計」）	42			※	
差　引　計 (39)+(40)±(41)+(42)	43	8,175,000	8,130,000	外※	△100,000 / 145,000
欠損金又は災害損失金等の当期控除額（別表七(一)「4の計」＋別表七(四)「10」）	44			※	
総　計 (43)+(44)	45	8,175,000	8,130,000	外※	△100,000 / 145,000
新鉱床探鉱費又は海外新鉱床探鉱費の特別控除額（別表十(三)「43」）	46			※	
農業経営基盤強化準備金積立額の損金算入額（別表十二(十四)「10」）	47				
農用地等を取得した場合の圧縮額の損金算入額（別表十二(十四)「43の計」）	48				
関西国際空港用地整備準備金積立額、中部国際空港整備準備金積立額又は再投資等準備金積立額の損金算入額	49				
特別新事業開拓事業者に対し特定事業活動として出資をした場合の特別勘定繰入額の損金算入額又は特別勘定取崩額の益金算入額	50			※	
残余財産の確定の日の属する事業年度に係る事業税及び特別法人事業税の損金算入額	51				
所得金額又は欠損金額	52	8,175,000	8,130,000	外※	△100,000 / 145,000

4. 特定同族会社の特別課税

　同族会社のうち 1 株主グループにより同族会社と判定される特定同族会社については，留保金額が一定の留保控除額を超えているときは，その超える額（課税留保金額）に次の特別税率を乗じて計算された金額を通常の法人税額に加算する（法法67①）。

　留保金額とは，当該事業年度の所得等の金額から，当該事業年度の所得に対する法人税額・住民税額，役員賞与，配当金等で社外流出した金額を控除した金額である。

　また，留保控除額とは，

① 当期の所得等の金額の40％相当額（所得基準額）

② 年2,000万円（定額基準額）

③ 期末の資本金額の25％相当額から期末の利益積立金額を控除した金額
　　（積立金基準額）

　のうち最も多い金額である（法法67⑤）。

　なお，中小企業の設備投資・研究開発等を行うための資金の確保や信用力向上等を図るために利益の内部留保が必要不可欠であり，留保金課税が中小企業の発展の阻害要因と考えられることから，特定同族会社の留保金課税制度について，適用対象から資本金の額または出資金の額が 1 億円以下である会社等が除外されている（法法67①）。

1 年間の課税留保金額	税　率
年3,000万円以下の金額	10％
年3,000万円を超え，1 億円以下の金額	15％
年 1 億円を超える金額	20％

5．土地譲渡利益金の特別課税

　法人が，その所有する土地等につき譲渡，借地権の設定その他一定の行為（土地の譲渡等）をした場合には，その譲渡等による譲渡利益金額について，長期所有土地等（所有期間が5年超のもの）については5％，短期所有土地等（所有期間が5年以下のもの）については10％の特別税率による税額が法人税に加算される（措法62の3・63）。これを法人の土地重課制度というが，土地の譲渡所得に対する税負担の適正化を図るとともに，法人の土地投機を抑制して地価を安定させるという地価対策の一環として設けられた特別措置である。なお，この特別措置は，原則として，1998（平成10）年1月1日から2023（令和5）年3月31日までの間の土地等の譲渡については適用されない。

6．使途秘匿金の特別課税

　使途秘匿金とは，法人が支出した金銭の支出のうち，相当の理由がなく，その相手方の氏名または名称および住所または所在地ならびにその事由を当該法人の帳簿書類に記載していないものをいう。法人の支出する使途秘匿金についてはその法人が納税義務を負い，1994（平成6）年4月1日以後に支出した使途秘匿金は損金の額に算入されないほか，その使途秘匿金額の40％の税額が法人税額に加算される（措法62①②）。これを使途秘匿金の重課制度というが，使途秘匿金の存在は，違法ないし不当な支出につながりやすく企業の公正な取引を阻害することにもなるため，公正な税制をめざす一環として，時限的に追加的な税負担を課すことにしたものである。

7．税額控除

（1）税額控除の意義

　法人税額から控除する税額控除には，①二重課税を排除するための税額控除としての所得税額の控除と外国税額の控除，②仮装経理に基づく過大申告の更正に伴う法人税額の控除，③政策減税の手段としての特別税額控除の３つがある。控除の順序は，控除不足の場合の還付の有無により，まず政策減税の手段としての特別控除を行い，次に仮装経理に基づく過大申告の更正に伴う法人税額の控除をした後，最後に二重課税を排除するための税額控除を行う。

（2）所得税額の控除

　法人が各事業年度において所得税法に規定する利子等，配当等，給付補填金，利息，利益，差益，利益の分配，報酬もしくは料金または賞金（利子および配当等）の支払を受ける場合，所得税法の規定により源泉徴収された所得税額は，当該事業年度の所得に対する法人税額から控除することができ，控除しきれない金額があるときは還付されることになる（法法68①・78①）。

（3）外国税額の控除

　わが国の法人税法は，内国法人の所得については国外で生じたもの（国外所得金額）であってもすべて法人税の課税対象となる。したがって，外国で生じた所得について外国で法人税（外国法人税）が課されている場合には，国際的な二重課税が生ずることになる。そこで，この二重課税を排除するため，一定の控除限度額の範囲内で，その外国法人税額を法人税額から控除することができる（法法69①）。

　この場合，当期の控除対象外国法人税額が当期の控除限度額を超えるため控除しきれない金額が生じた場合には，当該控除しきれない金額（控除限度超過額）は，翌期以降３年以内の事業年度において控除限度額に余裕が生じた際に，

その控除余裕額（繰越控除限度額）の範囲内で法人税額から控除することができる（法法69②）。また逆に控除限度額に余裕が生じた場合には，その余裕額（繰越控除対象外国法人税額）は翌期以降3年以内の事業年度において控除限度額として使用することができる（法法69③）。

$$控除限度額 = 当期の法人税額 \times \frac{当期の国外所得金額}{当期の所得金額}$$

（4）仮装経理に基づく過大申告の場合の法人税額の控除

法人が仮装経理により法人税の過大申告をした場合について，税務署長が減額更正したことにより生ずる仮装経理に係る減額部分の税額は，当該更正の日の属する事業年度開始の日前1年以内に開始した各事業年度の法人税相当額だけ還付し，残額はその後5年以内に開始する事業年度の法人税額から順次控除することとされている（法法70・135）。

（5）政策減税の手段としての特別税額控除

一定の産業・貿易等の政策目的を実現するために，租税特別措置として法人税額からの特別控除が認められているものには，①試験研究を行った場合の法人税額の特別控除（措法42の4），②中小企業者等が機械等を取得した場合の法人税額の特別控除（措法42の6），③地方活力向上地域等において雇用者の数が増加した場合の法人税額の特別控除（措法42の12）などがある。

| 練習問題 |

1．課税所得計算における税務調整の意義と内容について述べなさい。
2．特定同族会社の留保金課税の意義と内容について述べなさい。
3．課税所得計算における欠損金の取扱いについて述べなさい。
4．使途秘匿金支出に関する法人税法上の取扱いについて述べなさい。
5．法人税額の計算における税額控除の意義と種類について述べなさい。

第7章

申告・納付等

1．申告の意義・種類

　法人税の納税義務（租税債務）は，税法に定める課税要件の充足により事業年度終了の時に成立（発生）する。その成立した納税義務は，成立後所定の期限内に行う確定手続によって具体的な内容（納付すべき税額）が確定し，実際に履行すべき義務を負う。

　法人税法は，申告納税方式を採用するため，原則として納税義務者たる法人の納付すべき税額は，法人の自主的な課税標準および税額等の申告により第一次的に確定することになる。この申告のことを納税申告といい，提出する申告書のことを納税申告書という。それには次の3つの種類がある。

① 　期限内申告

　法人は，法定申告期限内に税務署長に納税申告書（期限内申告書）を提出しなければならない。

② 　期限後申告

　期限内申告書を提出すべきであった法人は，その提出期限後においても決定処分があるまでは納税申告書（期限後申告書）を税務署長に提出することができる。

③ 　修正申告

　納税申告書を提出した法人は，その申告に係る税額に不足がある場合，純損失等の金額が過大である場合，還付金に相当する税額が過大の場合，納付税額の脱漏がある場合においては，更正処分があるまではその申告に係る課税標準等または税額等を修正する申告書（修正申告書）を税務署長に提出することが

できる。

2．確定申告

（1）確定申告

　法人は，各事業年度終了の日の翌日から2カ月以内に，税務署長に対し，確定した決算に基づき作成した申告書（確定申告書）を提出しなければならない（法法74①）。

　確定申告書には，当該事業年度の課税標準である所得の金額（または欠損金額），その所得に対する法人税額，所得税額控除額，中間納付法人税額控除額等を記載しなければならない。

　この場合，確定申告書には当該事業年度の貸借対照表，損益計算書，株主資本等変動計算書，勘定科目内訳明細書等を添付しなければならない（法法74③，法規35）。

（2）確定申告書の提出期限の延長

　確定申告書を提出すべき法人が，災害その他やむを得ない理由により決算が確定しないため，提出期限までに提出することができないと認められる場合には，災害等による期限の延長（通法11）による場合を除き，納税地の所轄税務署長は，その法人の申請に基づき，期日を指定してその提出期限を延長することができる（法法75①）。

　この制度の適用を受けようとするための申請は，その確定申告書に係る事業年度終了の日の翌日から45日以内に，当該申告書の提出期限までに決算が確定しない理由，その指定を受けようとする期日等を記載した所定の申告書を納税地の所轄税務署長に提出しなければならない（法法75②）。この申告書の提出があった場合，確定申告書に係る事業年度終了の日の翌日から2月以内にその提出期限の延長または申請の却下の処分がなかったときは，承認があったものとみなされる（法法75⑤）。

　ただし，当該事業年度終了の日の翌日以後 2 月を経過した日から指定された期日までの期間の日数に応じて，当該申告書に係る法人税に対して年7.3 ％の利子税が課される（法法75⑦）。なお，この利子税の年7.3 ％の割合については，各年の特例基準割合（各年の前々年の10月から前年の 9 月までの各月における銀行の新規の短期貸付平均利率の合計を12で除して計算した割合として各年の前年12月15日までに財務大臣が告示する割合に，年 1 ％の割合を加算した割合をいう）が年7.3 ％の割合に満たない場合には，その年中においては，当該特例基準割合が適用される（措法93①②）。

（3）確定申告書の提出期限の特例

　確定申告書を提出しなければならない法人が，会計監査人の監査を受けなければならないこと，その他これに類する理由により決算が確定しないため，当該事業年度以後の各事業年度の当該申告書をそれぞれ法定申告期限までに提出することができない常況にあると認められる場合には，納税地の所轄税務署長は，その法人の申請に基づき，当該事業年度の申告書の提出期限を 1 月（特別の事情により各事業年度終了の日の翌日から 3 カ月以内に当該各事業年度の決算についての定時株主総会が招集されないこと，その他やむを得ない事情があると認められる場合には，税務署長が指定する月数の期間）延長することができる（法法75の 2 ①）。

　この特例がある法人は，次のような法人をいう（基通17 − 1 − 4 ）。

① 　保険業法11条（基準日）の規定の適用がある保険株式会社
② 　外国法人で，その本社の決算確定手続が事業年度終了後 2 カ月以内に完了しないもの
③ 　外国株主との関係で，決算確定までに日数を要する合併会社
④ 　会社以外の法人で，当該法人の支部または加入者である単位協同組合等の数が多いこと，監督官庁の決算承認を要すること等のため，決算確定までに日数を要する全国組織の共済組合，協同組合連合会等

　この制度の適用を受けようとするための申請は，その確定申告書に係る事業年度終了の日までに，所定の申告書を納税地の所轄税務署長に提出しなければ

ならない。この申告書の提出があった場合，確定申告書に係る事業年度終了の日の翌日から15日以内にその提出期限の延長または申請の却下の処分がなかったときは，承認があったものとみなされる。その確定申告書の提出期限の延長の処分があったときは，その処分のあった日の属する事業年度以後の各事業年度においては，当該法人の取りやめ申請または税務署長の取り消し処分がない限り，その処分の効果が及ぶ。

　ただし，この延長された期間については，当該申告書に係る法人税に対して年7.3％の利子税が課される（法法75の2⑧）。なお，この利子税の年7.3％の割合については，各年の特例基準割合が年7.3％の割合に満たない場合には，その年中においては，当該特例基準割合が適用される（措法93①②）。

　この制度の適用を受けている法人が，当該事業年度終了の日の翌日から2カ月経過前に災害その他やむを得ない理由が生じた場合には，当該事業年度に限り，申告期限の延長の適用がないものとみなして，確定申告書の提出期限の延長または災害等による期限の延長（通法11）を適用することができる（法法75の2⑨）。したがって，当該申告書に係る法人税に対する利子税は，確定申告書提出の期限の延長の場合には7.3％で課され，災害等による期限の延長（通法11）の場合には免除される。また，事業年度終了の日の翌日から2カ月を経過した日以後に災害等が生じた場合には，この延長では足りない分だけを確定申告書の提出期限の延長または災害等による期限の延長（通法11）により期限を延長することとされている。

3．中間申告

（1）中間申告

　法人は，その事業年度が6カ月を超える場合には，当該事業年度開始の日以後6カ月を経過した日から2カ月以内に，税務署長に対して申告書を提出しなければならない（法法71①）。中間申告については，前事業年度の実績を基準とする予定申告（予定申告書）と仮決算による中間申告（中間申告書）があり，

いずれによるかは，法人の選択による。しかし，中間申告書を提出すべき法人がそれを提出しなかった場合には，その提出期限において予定申告書の提出があったものとみなす（法法73）。

（2）前事業年度実績による予定申告

　これは，当該事業年度開始の日以後 6 カ月を経過した日の前日までに確定したものを当該前事業年度の月数で除し，これに 6 を乗じて計算した金額，すなわち前事業年度の確定した税額の 2 分の 1 の税額を記載した申告書（予定申告書）を提出すること（法法71①一）。

　ただし，その金額が10万円以下である場合または当該金額がない場合には，当該申告書を提出する必要がない。

（3）仮決算による中間申告

　これは，当該事業年度開始の日以後 6 カ月の期間を 1 事業年度とみなして当該期間に係る課税標準である所得の金額または欠損金額を計算した場合，すなわち仮決算を組んだ場合には，予定申告書に代えて当該所得の金額または欠損金額等を記載した申告書（中間申告）を提出することができる（法法72①）。

　この場合，中間申告書には当該期間の末日における貸借対照表，当該期間の損益計算書その他財務省令で定める書類を添付しなければならない（法法72②）。

4．更正・決定

（1）更　正

　税務署長は，納税申告書の提出があった場合において，その納税申告書に記載された課税標準等または税額等の計算が国税に関する法律に従っていなかったとき，その他当該課税標準等または税額等がその調査したところと異なるときは，その調査により，当該申告書に係る課税標準等または税額等を更正する

ことができる（通法24）。

　この更正は，原則として，法定申告期限から 5 年を経過した日以後においてはすることができない（通法70①）。

　しかし，法人税に係る純損失等の金額に係る更正は10年を経過する日まですることができる（通法70②）。ただし，偽りその他不正行為（脱税）によりその全部もしくは一部の税額を免れ，もしくはその全部もしくは一部の税額の還付を受けたものについての更正は，法定申告期限または還付請求申告書提出日から 7 年を経過する日まで，することができる（通法70④）。

（2）決　定

　税務署長は，納税申告書を提出する義務があると認められる者が当該申告書を提出しなかった場合には，その調査により，当該申告書に係る課税標準等および税額等を決定することができる（通法25）。ただし，決定により納付すべき税額および還付金の額に相当する税額が生じないときは，決定はない。

　この決定またはその決定後にする更正は，法定申告期限から 5 年を経過した日以後においてはすることができない（通法70①）。ただし，偽りその他不正の行為によりその全部もしくは一部の税額を免れ，もしくはその全部もしくは一部の税額の還付を受けたものについての決定は，法定申告期限または還付請求申告書提出日から 7 年を経過する日まで，することができる（通法70④）。

（3）再更正

　税務署長は，更正または決定をした後，その更正または決定をした課税標準等または税額等が過大または過小であることを知ったときは，その調査により，当該更正または決定に係る課税標準等または税額等を何度でも更正することができる（通法26）。

（4）更正に関する特例

　仮装経理（粉飾決算）に基づく過大申告の場合には，当該事業年度の所得に

対する法人税につき，当該事業年度後の各事業年度の確定した決算において当
該事実に係る修正の経理をし，かつ，当該決算に基づく確定申告書を提出する
までの間は，更正しないことができる（法法129①）。

（5）青色申告書に係る更正

　税務署長は，法人の提出した青色申告書に係る法人税の課税標準または欠損
金額については，当該法人の帳簿書類を調査し，その調査により当該課税標準
または欠損金額の計算に誤りがあると認められる場合に限り，更正をすること
ができる（法法130①）。ただし，当該課税標準または欠損金額の計算がこの法
律に従っていないこと，その他その計算に誤りがある場合にはこの限りではな
い。

　また，税務署長は，法人の提出した青色申告書に係る法人税の課税標準また
は欠損金額の更正をする場合には，更正通知書にその更正の理由を付記しなけ
ればならない（法法130②）。

（6）推計による更正・決定

　税務署長は，法人税について更正・決定をする場合には，法人の提出した青
色申告書に係る法人税の課税標準または欠損金額の更正をする場合を除き，当
該法人の財産もしくは債務の増減の状況，収入もしくは支出の状況または生産
量，販売量その他の取扱量，従業員数その他事業規模により当該法人に係る法
人税の課税標準（更正をする場合にあっては，課税標準または欠損金額）を推計し
て，これをすることができる（法法131）。

　推計による更正・決定は，帳簿資料が存在しない場合，帳簿書類が不正確で
信頼性が乏しい場合，税務調査に対して非協力的な態度をとる場合など直接的
資料により課税標準または欠損金額が計算され得ないと認められるときは，他
に間接的な資料を求めて，それを基礎として行われる。

5．更正の請求

　納税申告書を提出した者は，次に該当する場合には，当該申告書に係る国税の法定申告期限から5年（法人税に係る純損失等の金額に係る場合10年）以内に限り，税務署長に対し，その申告書に係る課税標準等または税額等につき更正すべき旨の請求をすることができる（通法23①）。

① 当該申告書に記載した課税標準等または税額等の計算が国税に関する法律の規定に従っていなかったこと，または当該計算に誤りがあったことにより，当該申告書の提出により納付すべき税額が過大である場合。

② ①の理由により，当該申告書に記載した純損失等の金額が過小であるとき，または当該申告書に純損失等の金額の記載がなかったとき。

③ ①の理由により，当該申告書に記載した還付金の額に相当する税額が過小であるとき，または当該申告書に還付金の額に相当する税額の記載がなかったとき。

　なお，確定申告書に記載すべき金額につき，修正申告書を提出し，または更正もしくは決定を受けた法人は，その修正申告書の提出または更正もしくは決定に伴い次の場合に該当することとなるときには，その修正申告書の提出した日または更正もしくは決定の通知を受けた日の翌日から2月以内に限り，税務署長に対し，当該場合の金額につき更正の請求をすることができる（法法80の2）。

① その修正申告書の提出または更正もしくは決定に係る事業年度後の事業年度の確定申告書に記載した，または決定を受けた当該事業年度に係る法人税（当該金額につき修正申告書の提出または更正があった場合には，その申告または更正後の金額）の額が過大となる場合。

② その修正申告書の提出または更正もしくは決定に係る事業年度後の事業年度の確定申告書に記載した，または決定を受けた当該事業年度に係る欠損金額または所得税額等の控除額もしくは中間納付額の控除不足額（当該金額につき修正申告書の提出または更正があった場合には，その申告または更正後の

金額）が過小となる場合。

6．納　付

（1）中間申告による納付

　中間申告書を提出した法人は，当該申告書に記載した中間納付法人税額をその提出期限までに国に納付しなければならない（法法76）。

（2）確定申告による納付

　確定申告書を提出した法人は，当該申告書に記載した確定納付法人税額をその提出期限までに国に納付しなければならない（法法77）。

7．還　付

　国税局長または税務署長は，還付金または国税に係る過誤納金があるときは，遅延なく，金銭で還付しなければならない（通法56①）。

（1）所得税額等の還付

　確定申告書の提出があった場合において，所得税額等の控除不足額の記載があるときは，税務署長は当該金額に相当する税額を還付する（法法78）。

（2）中間納付額の還付

　中間申告書を提出した法人から中間申告書に係る事業年度の確定申告書の提出があった場合において，その確定申告書に中間納付額の控除不足額の記載があるときは，税務署長は当該金額に相当する中間納付額を還付する（法法79）。

（3）欠損金の繰戻しによる還付

　青色申告書である確定申告書を提出する事業年度において生じた欠損金額が

ある場合には，当該法人は，当該申告書の提出と同時に，納税地の所轄税務署長に対し，当該欠損金額に係る事業年度（欠損事業年度）開始の日前1年以内に開始したいずれかの事業年度の所得に対する法人税の額に，当該いずれの事業年度（還付所得事業年度）の所得の金額のうちに占める欠損事業年度の欠損金額に相当する金額の割合を乗じて計算した金額に相当する法人税の還付を請求することができる（法法80①）。

　この欠損金の繰戻し還付が認められる法人は，還付所得事業年度から欠損事業年度の前事業年度までの各事業年度について連続して青色申告書である確定申告書を提出している場合であって，欠損事業年度の青色申告書である確定申告書をその提出期限までに提出した場合に限られる（法法80③）。なお，欠損金の繰戻しによる還付を受けるか，欠損金の繰越控除を受けるかは，法人の選択による。

　ただし，1992（平成4）年4月1日から2024（令和6）年3月31日までの間に終了する事業年度において生じた欠損金額については，原則として適用されない（措法66条の12）。

（4）還付加算金

　国税局長または税務署長は，還付金等を還付し，または充当する場合には，納付があった日の翌日からその還付のための支払決定の日またはその充当の日までの期間の日数に応じ，その金額に年7.3％の割合を乗じて計算した金額を還付し，または充当すべき金額に加算しなければならない（通法58①）。なお，この還付加算金の年7.3％の割合については，各年の特例基準割合が年7.3％の割合に満たない場合には，その年中においては，特例基準割合が適用される（措法95）。この還付加算金は，益金に算入される。

　これは，納期限内に納付しなかった場合に課される延滞税とバランスをとるため一種の利子として付されるものである。

8．加算税

（1）過少申告加算税

　期限内申告書が提出された場合において，修正申告書の提出または更正があったときは，当該納税者に対し，その修正申告または更正により納付すべき税額に10％の過少申告加算税が課される（通法65①）。ただし納付すべき税額が期限内申告税額に相当する金額と50万円とのいずれか多い金額を超えるときは，当該超える部分の税額に5％の金額を加算した過少申告加算税が課される（通法65②）。

　なお，修正申告書の提出が調査による更正を予知してなされたものでない場合で，調査通知を受ける前に行われたときは課されない（通法65⑤）。調査通知以後かつ調査による更正・決定を予知してなされたものでない場合には5％（期限内申告税額と50万円のいずれか多い額を超える部分は10％）の過少申告加算税が課される。

（2）無申告加算税

　申告期限内に納税申告書を提出しなかった場合に，期限後申告書の提出，決定及びこれらに対する更正又は修正申告書の提出があったときは，納付すべきこととなった税額に15％の無申告加算税が課される（通法66①）。ただし，納付すべき税額が50万円を超えるときは，当該超える部分の税額に5％の金額を加算した無申告加算税が課される（通法66②）。

　なお，期限後申告書または修正申告書の提出が調査による更正・決定を予知してなされたものでない場合で，調査通知を受ける前に行われたときは，5％に軽減される（通法66⑥）。また調査通知以後かつ調査による更正・決定を予知してなされたものでない場合には10％（納付税額が50万円を超える部分は15％）の無申告加算税が課される。さらに，期限後申告もしくは修正申告（更正予知によるものに限る）または更正もしくは決定等（以下「期限後申告等」とい

う。）があった場合において，その期限後申告等があった日の前日から起算して 5 年前の日までの間に，その期限後申告等に係る税目について無申告加算税（更正予知によるものに限る）または重加算税を課され，または徴収されたことがあるときは，その期限後申告等に基づき課される無申告加算税の割合（15％，20％）について，それぞれその割合に10％加算される（通法66④）。

　また，期限後申告書の提出があった場合，その提出が期限内申告書を提出する意思があったと認められ，かつ，その期限後申告書の提出が法定申告期限から 1 カ月を経過する日までに行われたものであるときには課されない（通法66⑦）。

（3）重加算税

　過少申告加算税が課される場合において，当該法人が法人税の課税標準または税額等の計算の基礎となるべき事実の全部または一部を隠ぺいし，または仮装したところに基づき申告書を提出したときは，過少申告加算税に代えて，当該基礎となるべき税額に35％の重加算税が課される（通法68①）。

　また，無申告加算税が課される場合において，当該法人が法人税の課税標準または税額等の計算の基礎となるべき事実の全部または一部を隠ぺいし，または仮装したところに基づき申告書を提出したときは，無申告加算税に代えて，当該基礎となるべき税額に40％の重加算税が課される（通法68②）。

　なお，期限後申告もしくは修正申告（更正予知によるものに限る。）または更正もしくは決定等（以下「期限後申告等」という。）があった場合において，その期限後申告等があった日の前日から起算して 5 年前の日までの間に，その期限後申告等に係る税目について無申告加算税（更正予知によるものに限る。）または重加算税を課され，または徴収されたことがあるときは，その期限後申告等に基づき課される重加算税の割合（35％，40％）について，それぞれその割合に10％加算される（通法68④）。

練習問題

1．納税申告の種類について説明しなさい。

2．確定申告および中間申告について説明しなさい。

3．更正，決定および更正の請求について説明しなさい。

4．加算税の意義と種類について説明しなさい。

第8章

グループ法人税制

1．グループ法人税制の変遷
－連結納税制度からグループ通算制度－

　近年，1990（平成2）年以降のいわゆるバブル経済崩壊後，企業は厳しい経営環境が続く中で，経営の合理化・効率化を求めるなど企業グループ全体の視点から経営戦略を立てなければならないという状況が現在も生じている。企業法制においても，1997（平成9）年独占禁止法改正における持株会社解禁，同年商法の合併手続の簡素化，1999（平成11）年商法の株式移転・株式交換制度の導入，2000（平成12）年5月会社分割制度の創設に係る商法の改正が行われ，法人税制においても累次にわたる税負担の軽減と2001（平成13）年度税制改正で企業組織再編税制が導入されたことにより，企業活力の向上と経営のしやすい組織の再編，統合を行うことができる環境作りが進められてきた。こうした中，企業の国際競争力を維持，強化し，持株会社を中心とした企業合併や分割による機動的な組織再編を促していくために不可欠な手段として連結納税制度の導入は積年の課題であった。2002（平成14）年7月の連結納税制度の創設は，企業の一体的経営が進んでいる経済実態に対応する税制を構築するものであり，これに相応しい課税の仕組みを構築するという観点から一連の法人税改革の集大成でもあった。

　この連結納税制度は，企業グループを一つの納税単位と捉え，その企業グループの所得に対して課税を行うものである。さらに，2010（平成22）年度税制改正において，連結納税制度とは別に，企業グループの一体的経営の実態に即し，完全支配関係にある企業グループに対して，グループ法人単体課税制度が

創設された。

　しかし，連結納税制度は，企業グループ内の損益通算等のメリットがある反面，税額計算の煩雑さ，税務調査後の修正・更正等に時間がかかりすぎるといったデメリットもあり，本制度を選択していない企業グループが多く存在する状況となっていた。そこで，事務負担の軽減等の観点から，2020（令和 2）年度税制改正において，連結納税制度のメリットである企業グループ内における損益通算を可能とする基本的な枠組みを維持しつつ改組し，親会社・完全子会社のそれぞれが申告・納税を行う個別申告方式であるグループ通算制度が創設されるに至った。

　このように税法上では，グループ法人に関しては，連結納税制度，グループ法人単体課税制度，グループ通算制度の 3 つの制度が存在している。しかし，連結納税制度が改組されグループ通算制度となったため，グループ法人税制としては現在，グループ通算制度とグループ法人単体課税制度が存在している。

2．グループ通算制度の意義・納税義務者・事業年度

　グループ通算制度は，企業グループ全体を一つの納税単位とし，一体として計算した法人税額等を親法人が申告する連結納税制度に代えて，親会社・完全子会社の各法人が個別に法人税額等の計算及び申告を行う方式である。

　グループ通算制度の適用対象となる法人は，連結納税制度と同様，親法人及びその親法人との間にその親法人による完全支配関係がある子法人に限られる。納税義務者は，連結納税制度では連結親法人であるが，グループ通算制度では親会社・完全子会社の各法人である。両制度とも申請による選択適用である。なお，連結納税制度は青色申告とは別個の制度であるが，グループ通算制度では青色申告について申請し承認を受けることができる。

　グループ通算制度の適用を受けようとする場合には，原則として，その親法人のグループ通算制度の適用を受けようとする最初の事業年度開始の日の 3 カ月前の日までに，その親法人及び子法人のすべての連名で，承認申請書を親法

人の納税地の所轄税務署長を経由して，国税庁長官に提出する必要がある（法法64の9①）。

　なお，事業年度についてはグループ通算制度では，連結納税制度と同様，原則として親法人の事業年度に統一されることになる。ただし，加入時・離脱時のみなし事業年度について，加入時期の特例制度についての翌会計期間の開始日に加入したとみなす措置の追加，離脱法人の離脱日に開始する事業年度終了日の日を親法人の事業年度終了日とする措置の廃止などの見直しが行われている。

3．グループ通算制度における課税所得金額及び法人税額の計算

（1）損益通算

　通算法人の通算前所得金額の生ずる事業年度（所得事業年度）終了の日（基準日）において，①当該通算法人との間に通算完全支配関係がある他の通算法人の基準日に終了する事業年度において通算前欠損金額が生ずる場合には，通算前欠損金額の合計額を各通算法人の通算前所得金額の比で按分した金額（通算対象欠損金額）を当該通算法人のその所得事業年度の損金の額に算入し，②通算法人の通算前欠損金額の生ずる事業年度（欠損事業年度）終了の日（基準日）において通算完全支配関係がある他の通算法人の同日（基準日）に終了する事業年度において通算前所得金額が生ずる場合には，通算前所得金額の合計額を各通算法人の通算前欠損金額の比で按分した金額（通算対象所得金額）をその通算法人のその欠損事業年度の益金の額に算入する（法法64の5①－④）。

　すなわち，通算前所得金額が生ずる通算法人は，他の通算法人で通算前欠損金額が生ずる場合には通算対象欠損金額が損金の額に算入され，また通算前欠損金額が生ずる通算法人は，他の通算法人で通算前所得金額が生ずる場合には，通算対象所得金額が損金の額に算入されるということである。

（2）損益通算の遮断措置

　通算事業年度の通算前所得金額又は通算前欠損金額が当該通算事業年度の期限内申告書に添付された書類に通算前所得金額又は通算前欠損金額として記載された金額（当初申告通算前所得金額又は当初申告通算前欠損金額）と異なるときは，それぞれの当初申告通算前所得金額を通算前所得金額と，当初申告通算前欠損金額を通算前欠損金額とみなされる（法法64の5⑤）。

　すなわち，通算グループ内の法人について，修正・更正等の事由が生じた場合においても，損益通算の計算においては，原則として，それぞれの期限内申告した通算前所得金額を通算前所得金額と，期限内申告した通算前欠損金額を通算前欠損金額とみなすということである。したがって，一部の法人について事後的に所得が異動した場合であっても，損益通算する金額を当初の申告額に固定することにより，修正・申告等の事由が生じた法人以外の法人が影響を受けないように遮断し，その事由が生じた法人の申告のみが是正されることになる。

（3）欠損金の通算

　通算法人の欠損金の繰越控除（法法57①）の適用を受ける事業年度開始の日前10年以内に開始した事業年度において生じた欠損金額はその通算法人の特定欠損金額と各通算法人の欠損金額のうち特定欠損金額以外の金額（非特定欠損金額）の合計額を各通算法人の特定欠損金の繰越控除後の損金算入限度額の比で配分した金額との合計額とする。

　なお，繰越控除は，特定欠損金額の場合は，各通算法人の損金算入限度額の合計額を各通算法人の特定欠損金額のうち欠損金の繰越控除前の所得の金額に達するまでの金額の比で配分した金額，非特定欠損金額は，各通算法人の特定欠損金の繰越控除後の損金算入限度額の合計額を各通算法人の配分後の非特定欠損金額の比で配分した金額を限度とする（法法64の7①）。

（4）税 率

　通算法人の各事業年度の所得の金額に対する法人税の税率は，各通算法人の区分に応じた税率が適用される。したがって，原則として，普通法人である通算法人は23.2％，協同組合等である通算法人は19％の税率が適用される。

　なお，中小通算法人の各事業年度の所得の金額のうち軽減対象所得金額（各中小通算法人等の軽減対象所得金額は，一定の場合を除き，年800万円を通算グループ内の法人の所得の金額の比で配分した金額）以下の金額については，19％（軽減税率15％）の税率が適用される。さらに，中小通算法人および協同組合等の2025（令和7）年3月31日までの間に開始する事業年度については，所得の金額のうち軽減対象所得金額以下の金額について適用される税率は15％とされている（措法42の3の2①）。

（5）中小通算法人向け特別措置

　通算法人である普通法人又はその普通法人の各事業年度終了の日においてその普通法人との間に通算完全支配関係がある他の通算法人のうち，いずれかの法人が大法人（資本金の額又は出資金の額が1億円を超える法人等）に該当する場合におけるその普通法人（大通算法人）については，貸倒引当金（法52①Ⅰ），欠損金の繰越控除（法57⑪Ⅰ），各事業年度の所得に対する法人税の税率（法66⑥），特定同族会社の特別税率（留保金課税）（法67①），租税特別措置法における軽減税率（措法42の3の2ほか）などの中小企業向け措置を適用しないこととされている

（6）その他個別制度

　グループ通算制度の適用開始，通算グループへの加入及び通算グループからの離脱時においては，資産の時価評価課税や欠損金の切捨て等がある。また，研究開発税制及び外国税額控除については，企業経営の実態を踏まえ，連結納税制度と同様，グループ全体で税額控除額を計算する。なお，受取配当等の益金不算入・寄附金の損金不算入・所得税額控除・特定同族会社の特別税率につ

いては各個別法人で計算することを原則とする。

４．グループ通算制度における租税回避防止・連帯納付・罰則

（1）通算法人に係る行為計算否認

　税務署長は，通算法人の各事業年度の所得に対する法人税につき更正又は決定をする場合において，その通算法人又は他の通算法人の行為又は計算で，これを容認した場合には，その各事業年度の所得の金額から控除する金額の増加，法人税の額から控除する金額の増加，他の通算法人に対する資産の譲渡に係る利益の額の減少又は損失の額の増加その他の事由により法人税の負担を不当に減少させる結果となると認められるものがあるときは，その行為又は計算にかかわらず，税務署長の認めるところにより，その通算法人に係る法人税の課税標準もしくは欠損金額又は法人税の額を計算することができることとされる（法法132の33）。

（2）連帯納付の責任

　通算法人は，他の通算法人の各事業年度の所得に対する法人税でその通算法人と他の通算法人との間に通算完全支配関係がある期間内に納税義務が成立したものについて，連帯納付の責めに任ずることとされている（法法152①）。

　この場合に，上記の通算法人からのその連帯納付の責任に係る法人税の徴収は，その徴収に係る処分の際におけるその法人税の納税地又はその通算法人の法人税の納税地の所轄税務署長が行うこととされている（法152②，通法43①）。

（3）罰　則

　グループ通算制度は各通算法人の申告はその通算法人を含むグループ全体を一体と捉えて損益通算等を行う制度であること等から，通算法人の法人税の逋脱犯・不正受還付犯については，他の通算法人の代表者，代理人，使用人その

他の従業者が上記の違反行為を行った場合のこれらの者も，逋脱犯・不正受還付犯とすることとされる（法法159①）。両罰規定について，他の通算法人の代表者等が違反行為を行った場合にも，脱税額の生じた通算法人が両罰規定の対象とされる（法法163）。

5．グループ法人単体課税制度

（1）グループ法人単体課税制度の意義・適用対象法人

　2010（平成22）年度税制改正において，連結納税制度とは別に，企業グループの一体的経営の実態に即し，完全支配関係にある企業グループに対して，グループ法人単体課税制度が創設された。このグループ法人単体課税制度は，基本的に100％株式保有による支配関係にある企業グループに強制的に適用される。対象となる法人の範囲には，個人や外国法人に支配される法人も含まれ，発行株式の全部を直接又は間接に保有する関係（完全支配関係）にある法人が該当することになる（法法2一二の七の六）。

（2）課税所得金額及び法人税額の計算

　この制度の下では，グループ法人間取引の損益について，100％グループ内の内国法人間で一定の資産の移転を行ったことにより生ずる譲渡損益は，その資産のそのグループ外への移転等の時に，その移転を行った法人において計上することとなる（法法61の11，法令122の12）。また，100％グループ内の内国法人間の完全支配関係のある法人からの受取配当については，負債利子控除は不要とし，全額益金不算入（法法23）となり，寄附金についても，支出法人において全額損金不算入（法法37）になり，受領法人側は，全額益金不算入となる（法法25の2）。

　なお，資本金の額又は出資金の額が1億円以下の法人に係る①中小法人等の軽減税率（法法66），②特定同族会社の特別税率の不適用（法法67），③中小法人企業等の貸倒引当金の繰入及び法定繰入率（法法52，措法57の9），④交際費

等の損金不算入制度における定額控除制度（措法61の4），⑤欠損金の控除限
度額の50％制限の不適用（法法57・58），⑥欠損金の繰戻しによる還付制度
（措法66の12）等については，資本金の額もしくは出資金の額が5億円以上の
法人又は相互会社等の100％子法人には適用しないこととなる。また，2011
（平成23）年度改正において，複数の完全支配関係がある大法人に発行済株式
等の全部を保有されている法人にも適用されないこととした。

（3）租税回避防止規定

　なお，グループ法人単体課税制度の適用から逃れるために意図的に完全支配
関係を崩すような行為については，グループ法人単体課税制度に租税回避行為
の個別規定が設けられていないことから，同族会社の行為・計算否認規定（法
法132）や組織再編に係る包括否認規定（法法132の2）の適用対象と考えられ
る。

練習問題
1．グループ法人税制の変遷について説明しなさい。
2．連結納税制度とグループ通算制度の相違を説明しなさい。
3．グループ通算制度の意義・課税所得計算について説明しなさい。
4．グループ単体課税制度について説明しなさい。
5．グループ法人税制の租税回避防止規定について説明しなさい。

第9章

組織再編成税制

1. 組織再編成税制の意義

　経済の国際化が進展するなど，わが国企業を取り巻く経営環境が大きく変化するなかで，企業の競争力を確保し，企業活力が十分発揮できるような柔軟な企業組織再編成を行うことを可能にする法的整備が求められていた。その一環として，2000（平成12）年5月の商法改正において会社分割法制が創設され，2001（平成13）年4月1日から施行されることとなった。そのための税法の措置として，会社分割のみならず従前の合併，現物出資，事後設立およびみなし配当等に係る税制の検討・見直しが図られ，2001（平成13）年度税制改正において新しい企業組織再編税制が創設されるに至った。

　改正前の商法には会社分割に関する規定がなく，現物出資により子会社を設立するか，または，子会社を設立して営業譲渡等を行うことにより会社分割と同様の効果をもたらすことを図っていたが，これらの方式では，検査役調査および債務者の個別の同意等，スピードが要求される現在経営において，手続きが煩雑で費用がかかるという欠点があった。したがって，今回の会社分割法制は，その欠陥を補正するという意義があったのである。また，組織再編成税制では，租税負担が会社の企画した組織再編を妨げないような措置が盛り込まれている。

　なお，グループ法人税制の導入により，組織再編税制にも影響をもたらすこととなった。

2．組織再編成の類型

　組織再編成とは，税法上の一定の要件を満たす適格組織再編成とそれ以外の非適格組織再編成とに区別される。組織再編成税制の対象となる合併，分割等の適格組織再編成には，主に次のような形態がある。

（1）適格合併

　合併とは，2つ以上の会社の契約により，当事者である会社の一部または全部が解散し，その財産が清算手続を経ることなく包括的に存続会社または新設会社に移転すると同時に，その株主が存続会社または新設会社の株主となる効果を伴うものであり，その形態には吸収合併と新設合併とがある。税法上，一定の要件に該当する合併で，被合併法人の株主等に合併法人の株式および出資以外の資産（配当等を除く）が交付されないものを適格合併という（法法2①12の8）。

　なお，グループ法人税制の導入により，欠損金の引継ぎ制限の緩和が行われた。

（2）適格分割

　会社分割とは，既存の会社の営業の全部または一部を別の会社に包括的に承継させるための制度で，新設分割と吸収分割がある。設立会社・承継会社が分割に際して発行する株式を分割会社の株主に割り当てる場合を分割型分割（人的分割）といい，分割会社自体に割り当てる場合を分社型分割（物的分割）という。税法上，一定の要件に該当する分割法人の株主等（分割型分割の場合）または分割法人（分社型分割の場合）に分割承継法人の株式以外の資産が交付されないものを適格分割という（法法2①12の11）。

　なお，分割型分割とは，分割により分割承継法人の株式その他の資産が分割法人の株主等にのみ交付される場合（具体的には，関係会社間の事業部門における統廃合の手法）をいい，分社型分割とは，分割により分割承継法人の株式その他の資産

が分割承継法人にのみ交付される場合（具体的には，分社化のための手法）をいう。

（3）適格現物出資

　現物出資とは，金銭以外の財産をもってする出資をいい，税法上の一定の要件に該当する現物出資を適格現物出資という（法法2①12の14）。ただし，外国法人に国内にある資産または負債を移転するものは除かれ，現物出資法人に被現物出資法人の株式のみが交付されるものに限られる。

3．組織再編成にかかる措置

（1）移転資産等の譲渡損益の繰延

　法人が，合併，分割等の組織再編成により資産等を移転した場合，原則として，その組織再編成の日（合併・分割型分割の場合は合併・分割型分割の日の前日）に時価により移転したものとして移転資産の譲渡損益を計上することになる（法法62）。しかし，適格組織再編成による資産等の移転については，原則として，帳簿価額による引継ぎ，帳簿価額による譲渡として譲渡損益の計上は繰り延べられることとされている（法法62の2～6）。

（2）個別制度等の引継ぎ

　組織再編成が適格組織再編成に該当する場合には，適用された従前の諸制度や各種引当金等の引継ぎについては，基本的には従前の課税関係を継続させることとされた。なお，非適格組織再編成に該当する場合にはその引継ぎは認められない。

　青色欠損金については，適格合併等（適格合併または合併類似適格分割型分割）の場合，被合併法人または分割法人における青色欠損金の未処理欠損金額は，一定の制限の下で合併法人等（合併法人または分割承継法人）に引き継ぐことができる（法法57②）。ただし，特定の資本関係のある適格合併等で，かつ，共同事業要件に該当しない場合には当該未処理欠損金額の引継ぎはできない（法

法57③）。

（3）租税回避行為の防止

　組織再編成の形態や方法は，複雑かつ多様であり，租税回避の手段として濫用されるおそれがある。そのため，組織再編成に係る法人の行為または計算で，これを容認した場合に法人税の負担を不当に減少させる結果となると認められるものがあるときは，その行為または計算にかかわらず，税務署長は，その法人に係る法人税の課税標準もしくは欠損金額または法人税の額を計算することができる旨の包括的な租税回避防止規定が設けられた（法法132の２）。

４．スピンオフ税制

　近年わが国の企業は，多角化を進めてきてが，差別化や事業ポートフォリオの最適化等が不十分であること，事業の関連性が乏しいといった問題点が指摘されていた。このため，このような企業を中心に，企業内の事業部門を分離して独立した企業とする，スピンオフの必要性が増していると考えられていた。

　そのような状況を勘案し，2017（平成29）年度税制改正において，経営戦略に基づく先を見据えたスピード感のある事業再編等を加速するため，特定事業を切り出して独立会社とするスピンオフ等の円滑な実施を可能とするスピンオフ税制の整備・導入が行われた。つまり，一定の要件を満たすスピンオフを適格組織再編成の類型として認めることとなった。

　当該税制は，①分割型分割を用いるタイプと②分社型分割を用いるタイプ（子会社を）の２つが適格組織再編成とされる（法法２①12の11，15の２）。①は，支配関係のない会社（分割法人）が単独で，一部事業を切り出して分割型分割により新会社（分割承継法人）を設立する場合で，分割法人の事業を分割承継法人において独立して行うための分割であり，一定の要件を満たすものをいう。②は，支配関係のない会社（現物分配法人）が，100％子会社（完全子法人）の株式のみを現物分配する株式分配で，完全子法人と現物分配法人とが独

立して事業を行うための株式分配であり，一定の要件を満たすものをいう。

練習問題

1．組織再編成税制導入の意義について説明しなさい。

2．適格組織再編成の形態について説明しなさい。

3．合併・分割等の組織再編成における移転資産等の譲渡損益の処理について説明しなさい。

4．合併・分割等の組織再編成における欠損金の繰越控除の引継ぎ処理について説明しなさい。

5．組織再編成税制とグループ法人税制の関係について説明しなさい。

第10章

外貨建取引の為替換算

1．外貨建取引の為替換算

　わが国の企業会計は，円貨表示の会計を前提としているため，外貨建取引については，その取引を行った時における外国為替相場に基づく円換算額により記帳される。したがって，その外貨建取引が決済された場合には，外国為替相場の変動により円換算額と帳簿価額との換算差額が生じ，また期末に保有する外貨建資産および負債（外貨建資産等）を換算する場合にも換算差額が生ずることとなる。これが為替差損益である。

　この為替差損益の性格については会計上議論があるが，税法では，税法上認められる換算方法等による場合には，その金額は損金の額または益金の額にされることになる。

　税法が定める外貨建取引とは，法人が外国通貨で行われる資産の販売および購入，役務の提供，金銭の貸付けおよび借入れ，剰余金の配当その他の取引をいい，当該取引を行った時における外国為替の売買相場に基づく円換算額により記帳される（法法61の8①）。

　また，法人が先物外国為替契約等（外貨建取引によって取得し，または発生する資産または負債の金額の円換算額を確定させる契約として財務省令で定めるものをいう）により外貨建取引（売買目的有価証券の取得および譲渡を除く）によって取得し，または発生する資産または負債の金額の円換算額を確定させた場合には，当該先物外国為替契約等の締結の日において，その旨を財務省令で定めるところにより帳簿書類に記載したときは，当該資産または負債については，当該円換算額が外貨建取引の金額の円換算額となる（法法61の8②）。

2．外貨建資産等の期末換算

　法人が期末において外貨建資産および負債（外貨建資産等）を有する場合には，期末換算が行われることになる。期末換算の方法には，発生時換算法と期末時換算法がある。前者は，当該外貨建資産等の取得または発生の時の外国為替の売買相場により円換算する方法をいう。この方法では，期末において換算換えは行われず為替差損益は決済時点で生ずることになる。また後者は，当該外貨建資産等の当該期末時における外国為替の売買相場により円換算する方法である。この方法で換算した金額と帳簿価額との差額に相当する為替差損益は，益金の額または損金の額に算入する。

　外貨建資産等の期末換算は，外貨建債権債務（外国通貨で支払を受けるべき金銭債権および支払うべき金銭債務），外貨建有価証券（償還，払戻しその他これらに準ずるものが外国通貨で行われる有価証券として大蔵省令で定めるもの），外貨預金および外国通貨に区分して，次のように行われる（法法61の9①）。

　外貨建債権債務については，発生時換算法または期末時換算法による換算が認められる。また外貨建有価証券については，その保有あるいは売却目的別に，売買目的有価証券は期末時換算法，満期保有目的有価証券は発生時換算法または期末時換算法，およびその他の有価証券は発生時換算法により行う。さらに外貨預金は発生時換算法または期末時換算法，外国通貨は期末時換算法により行うことになる。

＜期末換算方法＞
① 　外貨建債権債務
　　発生時換算法または期末時換算法
② 　外貨建有価証券
　　売買目的有価証券…期末時換算法
　　満期保有目的有価証券…発生時換算法または期末時換算法
　　その他の有価証券…発生時換算法

③　外貨預金

　　発生時換算法または期末時換算法

④　外国通貨

　　期末時換算法

3．為替予約差額の配分

　法人が事業年度終了の時において有する外貨建資産等（売買目的有価証券を除く）について，その取得または発生の基因となった外貨建取引の金額の円換算額への換算にあたって，先物外国為替契約等により円換算額を確定させた外貨建取引の換算の規定（法法61の8②）の適用を受けたときには，当該外貨建資産等に係る先物外国為替契約等の締結の日の属する事業年度から当該外貨建資産等の決済による本邦通貨の受取または支払をする日の属する事業年度までの各事業年度の所得の金額の計算上，為替予約差額（当該外貨建資産等の金額を先物外国為替契約等により確定させた円換算額と当該金額を当該外貨建資産等の取得または発生の基因となった外貨建取引を行ったときにおける外国為替の売買相場により換算した金額との差額）のうち当該各事業年度に配分すべき金額として政令で定めるところにより計算した金額は，益金の額または損金の額に算入する（法法61の10①）。

　なお，外貨建資産等が短期外貨建資産等（当該外貨建資産等のうち，その決済による本邦通貨の受取または支払の時期が当該事業年度の終了の日の翌日から1年を経過した日の前日までに到来するもの）である場合には，為替予約差額は，当該事業年度の所得の金額の計算上，益金の額または損金の額に算入することができる（法法61の10③）。

[練習問題]

1．外貨建取引の為替換算について説明しなさい。

2．外貨建資産等の期末換算方法について説明しなさい。

3．外貨建取引・外貨建資産等の為替予約差額の処理について説明しなさい。

第11章

国際課税

1．移転価格税制

（1）意　義

　国際的な企業活動においては，親子会社・兄弟会社等の関連企業の間では，互に独立した当事者間の取引において通常設定される価格（独立企業間価格 Arm's Length Price）とは異なる価格で取引を行う傾向がある。この関連企業間取引は，第三者との取引と異なり，企業の租税回避の意図の有無にかかわらず，企業が第三者間取引と異なる取引金額の決定ができることから，このような取引を通じて，関連企業間で所得が国際間を移転することになる。国外の関連企業間の取引価格（移転価格）の操作を通じた所得の海外移転が，国家間で重要な問題となる。すなわち，このような関連企業間取引によって，それぞれの国の本来の税収が損なわれる結果となる。

　このような所得の国外移転に対処するために，先進国をはじめとして，諸外国の税法では，移転価格税制が整備されていることから，わが国でも1986（昭和61）年度の税制改正において，わが国の税収が不当に減少する結果となることを防止するため移転価格税制を導入し，諸外国と共通の基盤に立って，適正な国際課税の実現を図ることとした。

（2）適用対象法人・適用対象取引

　法人が，当該法人に係る国外関連者（当該法人との間に50％以上の直接または間接の持株関係など特殊の関係にある外国法人）との間で国外関連取引（資産の販売，資産の購入，役務の提供その他の取引）を行った場合に，当該取引につき，当該

法人が当該国外関連者から支払を受ける対価の額が独立企業間価格に満たない
とき，または当該法人が当該国外関連者に支払う対価の額が独立企業間価格を
超えるときは，当該法人の各事業年度の所得の金額の計算上，当該国外関連取
引は独立企業間価格で行われたものとみなし，実際の対価の額と独立企業間価
格との差額は損金の額に算入しないことになっている（措法66の4①④）。

（3）独立企業間価格の算定方法

　独立企業間価格については，税法上，棚卸資産の販売または購入とそれ以外
の取引に分けて規定されている。棚卸資産の販売または購入の場合については，
次のいずれかの方法により算定した金額をいう（措法66の4②）。

①　独立価格比準法

　特殊の関係にない売手と買手が，国外関連取引に係る棚卸資産と同種の棚卸
資産を当該国外関連取引と取引段階，取引数量その他が同様の状況の下で売買
した取引の対価の額に相当する金額をもって独立企業間価格とする方法

②　再販売価格基準法

　国外関連取引に係る棚卸資産の買手が特殊の関係にない者に対して当該棚卸
資産を販売した対価の額（再販売価格）から通常の利益の額を控除して計算し
た金額をもって独立企業間価格とする方法

③　原価基準法

　国外関連取引に係る棚卸資産の売手の購入，製造その他の行為による取得の
原価の額に通常の利益の額を加算して計算した金額をもって独立企業間価格と
する方法

④　その他の方法

　前述の①～③の方法により独立企業間価格を算定することが困難な場合に
は，①～③に準ずる方法，その他政令で定める方法（利益分割法，取引単位営業
利益法，ディスカウント・キャッシュ・フロー法）が認められている（措令39の12
⑧）。

（4）独立企業間価格の算定方法等の事前確認・推定課税

　独立企業間価格は，本来法人自らが算定し申告するものであるが，その算定は複雑かつ技術的であることから，法人と税務当局との見解が相違することが想定される。そのため法人が最も合理的な独立企業間価格の算定方法を税務当局に申し出て，税務当局はその検証を行い，これを確認する事前確認制度が採用されている。

　税務職員は，法人に対して独立企業間価格を算定するために必要と認められる帳簿書類の提示または提出を求めたにもかかわらず法人が遅滞なくこれを実行しなかった場合には，税務署長は類似同業法人の売上総利益率等を用いて独立企業間価格を推定し課税することができる（措法66の4⑧⑨）。

　なお，税務職員は，独立企業間価格算定のために必要があるときは類似同業法人に対して質問し，帳簿書類を検査し，または提示または提出を求めることができる（措法66の4⑪⑫）。調査対象者に対しては，不当弁，偽証，検査拒否，検査妨害，忌避等の行為があった場合には30万円以下の罰金を科すこととされている（措法66の4⑯）。

2．過少資本税制

（1）意　義

　法人の所得計算上，借入金に係る支払利子は損金として控除され，課税所得を減少させる効果をもつことになるが，配当は支払利子とは異なり，剰余金の処分として取り扱われ損金として控除されない。したがって，わが国に所在する外国企業の子会社が，必要な資金を調達する場合に，海外の親会社からの出資を少なくし，その分借入れを多くすることによって，企業グループ全体としてわが国における税負担を意図的に減らすことが可能である。そのため，外国企業が，投資先の国に子会社等を設立して事業を行う場合，この子会社等への出資をできるだけ少額にして，事業上必要な資金を貸付けで賄うことが多くみられることから，多くの国では，子会社等からの外国親会社等への支払利子に

一定の制限を設けている。その基準として，借手である子会社等の負債・資本比率を尺度として，負債の比率がその所定の比率を超える場合，外国親会社等からの借入金に係る利子の損金算入を制限するもので，これを過少資本税制という。わが国では，1992（平成4）年度税制改正において過少資本税制が導入された（措法66の5）。

（2）適用対象法人

　過少資本税制の適用を受ける法人は，わが国法人税の納税義務のある法人で国外支配株主等または資金供与者等に対して負債の利子等を支払う法人である（措法66の5①）。

　国外支配株主等とは，非居住者または外国法人で，内国法人の発行済株式または出資の総数または総額の50％以上を直接または間接に保有する関係その他特殊の関係のあるものをいう（措法66の5⑤一・措令39の13⑫⑬）。また，資金供与者等とは，国外支配株主等が内国法人に資金を供与する者および当該資金の供与に関係のある者で，

①　国外支配株主等が第三者を通じて当該内国法人に対して資金を供与したと認められる場合における当該第三者

②　国外支配株主等が第三者に対して当該内国法人の債務の保証をすることにより当該第三者が当該内国法人に対して資金を供与したと認められる場合における当該第三者

③　国外支配株主等から当該内国法人に貸し付けられた債券（当該国外支配株主等が当該内国法人の債務の保証をすることにより，第三者から当該内国法人に貸し付けられた債券を含む）が，他の第三者に，担保として提供され，債券現先取引で譲渡され，または現金担保付債券貸借取引で貸し付けられることにより，当該他の第三者が当該内国法人に対して資金を供与したと認められる場合における当該第三者および他の第三者

　のことをいう（措法66の5⑤二・措令39の13⑭）。

（3）負債利子等の損金不算入

　内国法人が，国外支配株主等または資金供与者等に負債の利子等を支払う場合に，当該事業年度の国外支配株主等または資金供与者等に対する負債に係る平均負債残高が，国外支配株主等の保有する自己資本持分の３倍（その借入金残高のうちに，特定債券現先取引等に係る負債があるときは２倍）に相当する金額を超えるときは，その超過額に対応する利子等は，その事業年度の所得の金額の計算上，損金の額に算入しない（措法66の５①②）。なお，内国法人は，国外支配株主等または資金供与者等の自己資本持分の３倍（ないし２倍）という倍数に代えて，同種の事業を営む内国法人で，事業規模その他の状況が類似するものの総負債の額の純資産の額に対する比率に照らし，妥当と認められる倍数を用いることができる（措法66の５③）。

３．過大支払利子税制

（1）意　義

　外国親会社等の国外関連者からの借入金に対して，過大な利子を支払い損金に算入することで，税負担を圧縮する租税回避が可能となる。この過大な支払利子への対応としては，先に記述した移転価格税制（過大な利率に対応する方法）および過少資本税制（資本に比して過大な負債の利子に対応する方法）が挙げられる。しかし，支払利子が過大であっても，利率が独立当事者間価格（利率）である場合には移転価格税制の適用はできず，また借入と同時に資本を増やすことで過少資本税制の適用が困難となる。そこで，2012（平成24）年度税制改正において，国外関連者間において所得金額に比して過大な利子を損金不算入とする，過大支払利子税制が創設された。

（2）関連者等に係る支払利子等の損金不算入

　法人の関連者に対する純支払利子等の額（支払利子等の額の合計額から受取利子等合計額を控除した残額）が，調整所得金額（「関連者純支払利子等の額と比較す

るための基準とすべき所得の金額として政令で定める金額）の20％（2020（令和２）年４月１日以後開始事業年度）を超える場合には，その超える部分の金額は，その事業年度の所得の金額の計算上，損金の額に算入しない（措法66の５の２①）。なお，関連者等とは，直接・間接の持株割合50％以上の親法人・子法人または実質支配・被支配関係にある者等および当該法人に資金を供与する等の第三者をいう（措法66の５の２②一）。

　また，法人の事業年度の関連者純支払利子等の額が2,000万円（2020（令和２）年４月１日以後開始事業年度）以下である場合等は本制度の適用はない（措法66の５の２④）。

（3）超過利子額の損金算入

　法人の当期前７年以内に開始した事業年度において本制度に係る損金不算入額がある場合には，調整所得金額の20％（2020（令和２）年４月１日以後開始事業年度）に相当する金額から関連者純支払利子等の額を控除した残額に相当する金額を限度として，損金の額に算入する（措法66の５の３①）。

４．外国子会社合算税制（タックス・ヘイブン対策税制）

（1）意　義

　タックス・ヘイブンとは，法人の所得等に対する租税負担がないかあるいは著しく低い国または地域のことである。内国法人が，タックス・ヘイブンに名目だけの子会社等を設立し，これに利益を留保させている場合には，日本での課税は行われないという「合法的租税回避」が可能となる。外国子会社合算税制（タックス・ヘイブン対策税制）は，このような場合，一定要件の外国子会社の所得を内国法人の所得と合算して日本で課税する制度である。

　アメリカ，イギリス等先進諸国においては，かなり古くから，多国籍企業の「国際租税戦略」やタックス・ヘイブンを利用しての租税回避が問題にされてきており，これらの諸国においては税制面において種々の措置が講じられると

ともに，OECD等の会議においてその対策に関する討議が行われてきた。わが国においても，1965（昭和40）年代の日本経済の急速な国際化に伴い，海外子会社等の形態で積極的に海外に進出するようになり，この問題が注目されるように　なり，1978（昭和53）年度の税制改正により導入された。当該制度導入後においても，日本企業の健全な海外展開を阻害することなく，より効果的に国際的な租税回避に対応するために随時見直し等が行われている。

　2017・2018・2019（平成29・30・31）年度税制改正においては，「BEPSプロジェクト」の基本的な考え方等に基づき，大幅な見直しが行われた。

（2）適用対象法人

　この制度により課税対象金額の合算課税の適用対象となる内国法人は，次の①～④に該当する内国法人とされる（措法66の6①一～四）。

① 　内国法人の外国関係会社に対する直接・間接の株式等保有割合が10％以上である内国法人

② 　外国関係会社との間に実質支配関係がある内国法人

③ 　内国法人との間に実質支配関係がある外国関係会社の他の外国関係会社に係る直接・間接の持株割合等が10％以上である場合のその内国法人

④ 　直接・間接の株式等保有割合が10％以上である一の同族株主グループに属する内国法人（直接・間接の株式等保有割合が0を超えるものに限り，①および③に掲げる内国法人を除く）

（3）外国関係会社

　外国関係会社とは，内国法人・居住者・特殊関係非居住者・被支配外国法人により発行済株式等の50％超を直接・間接に保有されている外国法人および，居住者または内国法人との間に実質支配関係がある外国法人（被支配外国法人）をいう（措法66の6②一）。

　当該外国関係会社は，さらに①特定外国関係会社，②対象外国関係会社，③部分対象外国関係会社，④外国金融子会社等に区分される。

① 特定外国関係会社（措法66の6②二）

　事務所等の実体がなく，かつ，事業の管理支配を自ら行っていない外国関係会社（ペーパーカンパニー）が該当する。さらに，受動的所得の割合が一定以上の外国関係会社（事実上のキャッシュ・ボックス），情報交換に関する国際的な取組への協力が著しく不十分な国又は地域（ブラック・リスト国）に所在する外国関係会社が該当する。

② 対象外国関係会社（措法66の6②三）。

　経済活動基準（事業基準，実体基準，管理支配基準，非関連者基準または所在地国基準）のうちいずれかを満たさない外国関係会社（特定外国関係会社に該当するものを除く）をいう。

　事業基準とは，主たる事業が株式の保有，船舶・航空機リース等株式等でないこと。実体基準とは，その本店所在地国においてその主たる事業を行うに必要と認められる事務所，店舗，工場その他の固定施設を有していること（措令39の14の3⑫）。管理支配基準とは，その本店所在地国においてその事業の管理，支配及び運営を自ら行っていること。非関連者基準とは，卸売業，銀行業，信託業，金融商品取引業，保険業，水運業，航空運送業又は物品賃貸業（航空機の貸付けを主たる事業とするものに限る）を主として事業その外国関係会社に係る関連者以外の者（非関連者）との間で行っていること。所在地国基準とは，非関連者基準に掲げた事業以外の事業を主として本店所在地国等において行っていること。

③ 部分対象外国関連会社（措法66の6②六）

　経済活動基準のすべてに該当する外国関連会社（特定外国関係会社に該当するものを除く）をいう。

④ 外国金融子会社等（措法66の6②七）

　本店所在地国の法令に準拠して，銀行業，金融商品取引業，保険業を行う一定の部分対象外関係会社をいう。

　上記①～④の外国関係会社の区分および会社単位の租税負担割合を加味して，会社単位の合算課税，受動的所得の合算課税の適用または適用除外となる

かが決定する。

（4）会社単位の合算課税

　当該制度の対象である内国法人に係る外国関係会社のうち，特定外国関係会社または対象外国関係会社に該当するものが1978（昭和53）年4月1日以後に開始する各事業年度において適用対象金額を有する場合は，その適用対象金額のうちその内国法人が直接・間接に有するその特定外国関係会社又は対象外国関係会社の株式等の数又は金額につきその請求権（剰余金の配当，利益の配当又は剰余金の分配を請求する権利）の内容を勘案した数又は金額並びにその内国法人とその特定外国関係会社又は対象外国関係会社との間の実質支配関係の状況を勘案して計算した金額に相当する金額は，その内国法人の収益の額とみなして各事業年度終了の日の翌日から2月を経過する日を含むその内国法人の各事業年度の所得の金額の計算上，益金の額に算入することとされている（措法66の6①）。

　なお，適用対象内国法人に係る対象外国関係会社については，各事業年度の租税負担割合が20％以上の場合におけるその事業年度に係る適用対象金額について，合算課税の適用が免除される（措法66の6⑤二）。特定外国関係会社については，より租税回避リスクが高いことから，わが国の法人税の実効税率等を参考に，各事業年度の租税負担割合が30％以上の場合におけるその事業年度に係る適用対象金額について，合算課税の適用が免除される（措法66の6⑤一）。

（5）受動的所得の合算課税

　内国法人に係る部分対象外国関係会社が，実質的活動のない事業から得られる所得（受動的所得）については，内国法人等の所得とみなし，それを合算して課税する。つまり，部分対象外国関係会社の部分適用対象金額のうち内国法人が直接・間接に有するその部分対象外国関係会社の株式等の数または金額および，その内国法人とその部分対象外国関係会社との間の実質支配関係の状況

を勘案して計算した金額（部分課税対象金額）に相当する金額は，その内国法人の収益の額とみなしてその各事業年度終了の日の翌日から2月を経過する日を含むその内国法人の所得の金額の計算上，益金の額に算入される（措法66の6⑥）。受動的所得の範囲は，配当，債権の利子等，株式・債権の譲渡益，有価証券の貸付の対価やデリバティブ取引損益，外国為替差損益などが対象となる（措法66の6⑥）。

　なお，内国法人に係る部分対象外国関係会社につき，各事業年度の租税負担割合が20％以上であること（税負担割合基準）や各事業年度における部分適用対象金額が2,000万円以下であることなどの少額免除基準を満たした場合は，当該合算課税の適用が免除される（措法66の6⑩）。

5．コーポレート・インバージョン対策税制

　コーポレート・インバージョン（Corporate inversion：外国親会社の設立）とは，企業グループ内の組織再編等により自国に本拠を置く多国籍企業グループが外国に法人を設立し，この外国法人がその企業グループの最終的な親会社になるようにする一連の行為である。すなわち，内国法人の株主とその内国法人との間に外国法人を介在させることにより，その株主が外国法人を通じて内国法人を間接所有する形態が生じ，この処理の過程又はこれに伴って，内国法人に外国親会社又は外国関連会社に対する多額の負債が計上され，また，内国法人の保有する資産（外国子会社株式や無形資産）が外国親会社又は外国関連会社に移転される。その結果，自国の課税ベースが失われる懸念があるというものである。

　わが国では，会社法における合併等対価の柔軟化により，合併等の対価として親法人の株式を用いた，いわゆる三角合併等が可能となり，外国法人の株式を対価として用いることによるクロスボーダーの組織再編成が可能となったことから，新たに可能となる国際的租税回避を防止するため，特殊関係株主等である内国法人に係る特定外国法人の留保金の合算課税制度が2007（平成19）

年度の税制改正において創設され，2018（平成30）年度に大幅な改正が行われた。

　この対策税制により，内国法人の株主（特殊関係株主等）が，三角合併等の組織再編成により，軽課税国に所在する外国法人（特定外国法人）を通じてその内国法人（特殊関係内国法人）の発行済株式等の80％以上を間接保有することとなった場合には，その特定外国法人が各事業年度において留保した所得をその持株割合に応じて，その特定外国法人の特殊関係株主等である内国法人の収益の額とみなされ，益金の額に合算して課税されることになる（措法66の9の2）。

練習問題

1．移転価格税制の意義と独立企業間価格の算定方法について述べなさい。
2．過少資本税制の意義と国外支配株主等の負債利子等の損金不算入について述べなさい。
3．過大支払利子税制の意義について述べなさい。
4．外国子会社合算税制（タックス・ヘイブン対策税制）の意義について述べなさい。
5．コーポレート・インバージョン対策税制の意義につい述べなさい。

第12章

消費税制

１．消費税の意義・構造

（１）消費税の意義

　消費税は，負担の公平を図る観点から国内における「消費」を行う者に対して広く薄く課税する（税制改革法10①）。そのため，医療，福祉，教育等の一定のものを除き，国内で行われるほとんどの取引と輸入される外国貨物が消費税の課税の対象となる。なお，消費税は事業を行う個人・法人に関係する税であるが，この章では法人に係る消費税に限定する。

（２）消費税の構造

　消費税は，取引の各段階でそれぞれの取引金額に対して10％の税率（国税7.8％，地方消費税2.2％）で課税する多段階課税方式による間接税（税の負担者≠税を納める者）である。

　消費税は，製造者 → 卸売業者 → 小売業者 → 消費者と取引段階を経るごとに物品やサービスの価格に上乗せしていくため，それぞれの段階で消費税が二重，三重に累積しないようにするため，各事業者は売上げに含まれる消費税額から仕入れ等に含まれる消費税額を控除する（このことを「仕入税額控除」という。）ことによって納税額を計算する前段階税額控除方式となっている。

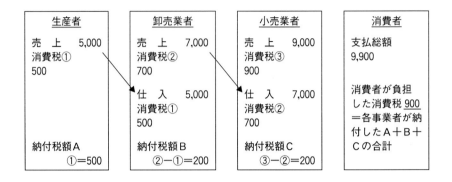

2．課税対象・資産の譲渡等の時期等

（1）課税対象

　消費税の課税対象は，国内において事業者が行った資産の譲渡等及び特定仕入れである（消法4①）。また，輸入取引に係る消費税の課税対象は，保税地域から引き取られる外国貨物である（消法4②）。

　資産の譲渡等とは，事業として対価を得て行われる資産の譲渡及び貸付け並びに役務の提供をいう（消法2①八，②）。資産の譲渡とは，売買や交換などの契約により，資産の同一性を保持しつつ，他人に移転することをいう。資産の貸付けとは，賃貸借や消費貸借などの契約により，資産を他の者に貸したり，使用させたりする一切の行為をいう。役務の提供とは，請負契約，運送契約などにより，労務，便益，その他のサービスを提供することをいう（例えば，税理士，弁護士，スポーツ選手など，専門的な知識や技能に基づく役務の提供も含まれる。）。

　課税の対象となる資産の譲渡等は次のイ～ニの要件をすべて満たした取引となる。

　　イ　国内において行う取引（国内取引）であること

　　ロ　事業者が事業として行うものであること

　　ハ　対価を得て行うものであること（代物弁済等，みなし譲渡を含む。）

　　ニ　資産の譲渡，資産の貸付け及び役務の提供であること

（2）国内取引の判定

　国内取引か否かの判定は，①資産の譲渡又は資産の貸付けの場合には，原則として，資産の譲渡又は資産の貸付けが行われる時において，その資産が所在していた場所が国内であれば，国内取引となる（消法4③一）。②役務の提供の場合には，原則として，役務の提供が行われた場所が国内であれば，国内取引となる（消法4③二）。

（3）事業者が事業として行う取引

　事業者とは，事業を行う個人及び法人をいう（消法2①三，四）。法人は事業を行うことを目的として設立されるものであるから，法人が行う全ての取引が「事業として」に該当する。

（4）対価を得て行う取引

　「対価を得て」とは，資産の譲渡及び貸付け並びに役務の提供に対して反対給付を受けることをいう。したがって，単なる贈与や無償取引，寄附金，補助金，剰余金の配当などは，一般的に対価若しくは対価性がないので，原則として消費税の課税対象とはならない。

（5）不課税取引

　国外で行う取引，事業者が事業として行う取引ではない取引（個人事業者が行う生活用資産の譲渡など），無償による試供品や見本品の提供などの対価性のない取引，資産の譲渡及び貸付け並びに役務の提供のいずれにも該当しない取引は，消費税の課税対象とはならない。これらの取引を不課税取引という。例えば，給与・賃金，寄附金・祝金・見舞金，保険金・損害賠償金などである。

（6）非課税取引

　非課税取引とは，消費税の課税対象取引のうち，土地の譲渡・土地の貸付けなど消費に負担を求める税としての性格から課税の対象とすることになじまないものや，社会保険医療・住宅の貸付など社会政策的配慮から課税することが適当でないものについて，消費税を課さないものをいう（消法6①，②）。

（7）免税取引

　免税とは，本来，消費税が課税されるべき取引であるが，一定の要件を満たした場合に消費税を免除することをいう。消費税は国内で消費される財貨やサービスに対して課される税である（このことを「消費地価税主義」又は「仕向地課税主義」という。）から，輸出取引や国際通信，国際輸送など輸出に類似する取引や輸出物品販売場（いわゆる免税店）における販売など，それらが国外で消費されると認められる場合には消費税を免除することとしている。このことは海外における価格競争力の観点からも必要とされる。

（8）資産の譲渡等の時期

　国内取引の納税義務の成立の時期は，課税資産の譲渡等をした時であるから，原則として，資産の引渡しやサービスの提供があった日となる（通則法15②七）。輸入取引の場合は，保税地域からの引取りの時である（通則法15②七）。

3．納税義務者・課税期間・基準期間・納税地

（1）納税義務者

　国内取引の納税義務者は，国内において課税資産の譲渡等を行った事業者である（消法5①）。また，輸入取引の納税義務者は，課税貨物を保税地域から引き取る者である（消法5②）。

　ただし，課税期間に係る基準期間における課税売上高が1,000万円以下の事業者は，その課税期間の消費税の納税義務が免除される（消法9①）。

　このように消費税の納税義務が免除される事業者を「免税事業者」といい，納税義務が免除されない事業者を「課税事業者」という。

（2）課税期間・基準期間

　課税期間とは，事業者が納付すべき又は還付を受けるべき消費税額を計算する場合の計算期間をいい，法人の場合は事業年度を指す（消法19①二）。また，基準期間とは，納税義務の有無を判定する基準となる期間であり，法人の場合はその事業年度の前々事業年度をいう。

（3）納税地

　内国法人の国内取引に係る納税地は，その法人の本店又は主たる事務所の所在地である（消法22一）。輸入取引の場合の納税地は，課税貨物を引き取る保税地域の所在地である（消法26）。

４．課税標準・税率

（1）課税標準

　国内取引の課税標準は，課税資産の譲渡等の対価につき，対価として収受し，又は収受すべき一切の金銭又は金銭以外の物若しくは権利その他経済的な利益の額（税抜き）をいう（消法28①）。

　ここでの「収受すべき」又は「支払うべき」とは，当事者間で授受することに合意した対価の額である。

（2）税　率

　税率は令和元（2019）年10月１日から標準税率10％と軽減税率８％の複数税率となっている（消法29，平成28年改正法附則34①）。軽減税率が適用されるのは，酒類を除く飲食料品と一定の新聞の譲渡が対象である。ただし，外食やケータリング等は軽減税率の対象からは除かれ，標準税率が適用される。

標準税率	7.8%（国税分）＋2.2%（地方分）＝10%
軽減税率	6.24%（国税分）＋1.76%（地方分）＝8%

5．納付税額の計算構造

（1）納付税額の計算構造

納付税額の計算構造は以下のとおりである。

（2）課税標準額に対する消費税額

課税標準額に対する消費税額（課税売上げに含まれる消費税額）を計算するにあたっては，標準税率分と軽減税率分をそれぞれ計算し，それらを合計して計算する。

（3）税額控除

税額控除には，①仕入税額控除（消法30①，37①），②売上値引等に係る税額控除（消法38①），③貸倒れに係る税額控除（消法39①）などがあるが，ここでは仕入税額控除のみを取り上げる。

6．仕入税額控除

（1）課税仕入れ

課税事業者は，国内において行った課税仕入れ等の税額を，課税仕入れ等を行った日の属する課税期間の課税標準額に対する消費税額から控除する（消法30①）。これを仕入税額控除という。

（2）仕入税額控除の計算

　基本的には，消費税の納付税額は，消費税が課税されている売上げ（課税売上げ）から消費税が課税されている仕入れ（課税仕入れ）を控除するという計算構造である。ただし，非課税売上げに対応する課税仕入れについては，原則として，仕入税額控除できない。

（3）簡易課税制度

　中小事業者の事務負担に考慮して，基準期間における課税売上高が5,000万円以下の事業は，仕入税額控除に該当する部分を，事業区分ごとの「みなし仕入率」を使って計算する簡便な方法（簡易課税制度）によって納付税額を計算することも選択できる（消法37①）。

（4）帳簿及び請求書等の保存

　課税事業者は，仕入税額控除をするためには，原則として，課税仕入れ等の事実を記載した帳簿及び請求書等を7年間保存しなければならない（消法30⑦，消令50①）。なお，2023（令和5）年10月1日から適格請求書等保存方式（いわゆる「インボイス方式」）が適用されるため，税務署長の登録を受けた適格請求書発行事業者から交付を受けた適格請求書及び帳簿の保存が仕入税額控除の要件となる。

（5）免税事業者からの仕入れに係る経過措置

　本来，免税事業者や消費者から仕入れた場合，その取引には消費税が含まれていないのであるから，仕入税額控除できないはずであるが，インボイス制度導入以前は認められている。

　ただし，いきなり仕入税額控除ができなくすると影響が大きいことから，インボイス制度への円滑な移行のため，免税事業者や消費者などからの課税仕入れについて，2023（令和5）年10月1日から2026（令和8）年9月末までの3年間は仕入税額相当額の80％を，2029（令和11）年9月末までの3年間は仕

入税額相当額の50％を控除できるが，2029（令和11）年10月１日からは仕入
税額控除はできなくなる。

（6）小規模事業者に対する納税額に係る負担軽減措置

　免税事業者が適格請求書発行事業者を選択した場合の負担軽減を図るため，
納税額を売上税額の２割に軽減する激変緩和措置を３年間講じる。これにより，
業種にかかわらず，売上を把握するだけで消費税の申告が可能となることから，
簡易課税に比べて事務負担も大幅に軽減されることとなる。

７．申告・納付

　課税事業者は，課税期間ごとに課税期間の末日の翌日から２カ月以内に，所
轄税務署長に確定申告書を提出するとともに，その申告に係る消費税額を納付
しなければならない（消法45，49）。

練習問題

１．消費税の構造を説明しなさい。

２．消費税が課税される課税取引の４つの要件について説明しなさい。

３．国内取引の判定基準について説明しなさい。

４．仕入税額控除とその要件について説明しなさい。

第13章

不服申立て・訴訟

1．不服申立て

（1）不服申立て

　法人税法は，申告納税方式を採用しているため，原則として納税義務者たる法人の納付すべき税額は，法人の自主的な課税標準および税額等の申告により第一次的に確定することになる。

　しかし，納税申告書の提出があってもかかる課税標準または税額等の計算が国税に関する法律に従っていない場合，または納税申告書を提出すべき義務があると認められるにもかかわらず納税申告書の提出がない場合には，税務行政庁は税務調査（質問検査権の行使）により，更正，決定等という行政処分により課税標準および税額等を第二次的に確定することとしている。

　このような税務行政庁の更正，決定等の処分に対して不服があるときは，納税者はその処分の取消，変更を求めて不服申立てを行うことができる。不服申立ては，再調査の請求と審査請求に分かれる。再調査の請求は処分税務行政庁に行う不服申立であり，審査請求は国税不服審判所長に対してなされる不服申立てである（通法75③）。再調査の請求と国税不服審判所長に対する審査請求のうち，いずれかを選択して不服申立てをすることができる（通法75①）。ただし，不服申立ては，処分があった日の翌日から起算して1年を経過したときは，正当な理由がある場合を除きすることができない（通法77③）。

（2）総額主義と争点主義

　不服申立てにおける審理の対象ないし範囲については，総額主義と争点主義

という2つの見解がある。総額主義というのは，審理の対象が課税処分を根拠づける一切の理由に及び，税額が正当な金額であるか否か（税額の適否）が審理の対象となるという考え方である。すなわち，審理の対象となる処分理由が限定されることはなく口頭弁論終結に至るまで，処分理由を自由に差し替えることができる。争点主義というのは，審理の対象が処分を根拠づけている理由に限定されるという考え方である。すなわち，処分理由の差替えは，原則として認められないことになる。

　税法上では，不服申立ての審理において処分理由の差替えを自由に認めることは国税通則法等の趣旨から問題があり，争点主義が支持される。しかしながら，裁判例においては，口頭弁論主義および紛争の一回的解決等の理由から総額主義を採用し，納税者に格別の不利益を与えるものではない限り，処分理由の追加・差替えは許されるという判断が示されている。

（3）再調査の請求

　国税に関する法律に基づく処分に対して処分庁に対する不服申立てをいう。この対象となる処分および再調査の請求書の提出先は，次のとおりである。

① その再調査の請求の目的となった処分をした税務署長その他の処分庁に提出する（通法75①）。

② 税務署長がした処分であるが，その処分に係る事項に関して国税庁または国税局の当該職員の調査によるものについては，国税庁または国税局の長に提出することになる。この場合には，その処分をした税務署長を経由して国税庁長官または国税局長に再調査の請求書を提出することもできる（通法82①）。

　再調査の請求は，処分があったことを知った日（処分に係る通知を受けた場合にはその受けた日）の翌日から起算して3カ月以内に，再調査の趣旨・理由等所定の事項を記載した再調査の請求書を提出することによって行う（通法77①・81①）。再調査の請求を受理した再調査審理庁は，審理により，形式的要件を欠く場合には却下，理由がないときには棄却，理由があるときには処分の

全部または一部を取消しまたは変更する決定をして，決定の理由等を付記した再調査決定書の謄本を再調査請求人に送達する（通法84⑦⑪）。決定において，再調査請求に係る処分の全部または一部を維持する場合には，その維持される部分を正当とする理由が明らかにされていなければならない（通法84⑧）。なお，決定において，再調査の請求に係る処分の全部または一部を変更する場合，再調査の請求人の不利益に当該処分を変更することはできない（通法83③）。

（4）審査請求

　　国税に関する法律に基づく処分について，国税不服審判所長に対して行う不服申立てをいい，次の種類に区別される（通法75①）。

①　始審的審査請求

　　原処分庁の再調査の請求を経ないで，直接国税不服審判所長に対してする審査請求である。

②　二審的審査請求

　　原処分庁に再調査の請求をし，その決定に不服である場合に，国税不服審判所長に対してする審査請求である。ただし，国税庁長官に対して行った再調査の請求の決定については審査請求することはできない。

③　再調査の請求決定遅延による審査請求

　　再調査の請求をした日の翌日から起算して3カ月を経過しても当該再調査の請求についての決定がないときにする審査請求である（通法75④）。

④　みなす審査請求

　　再調査の請求がされた後，その再調査の請求を審査請求とみなす場合がある。これには，再調査審理庁がその再調査の請求を審査請求として扱うことを適当と認めその旨を再調査の請求人に通知し，同意を得ることによるみなす審査請求（通法89①）と，すでに審査請求がされている同一事案について再調査の請求がなされた場合の併合審理をするためのみなす審査請求（通法90①）がある。この場合，前者については当該再調査の請求人の同意があった日，後者については再調査の請求書等が国税不服審判所長に送付された日に審査請求がさ

れたものとみなされる。

　審査請求は，①始審的審査請求の場合には処分があったことを知った日（処分に係る通知を受けた場合にはその受けた日）の翌日から起算して３カ月以内に，②二審的審査請求の場合には再調査の請求決定書の謄本の送達があった日の翌日から起算して１カ月以内に審査請求の趣旨・理由等所定の事項を記載した審査請求書を提出することによって行う（通法77①②・87①）。審査請求がされている国税不服審判所長は，審理により，形式的要件を欠く場合には却下，理由がないときには棄却，理由があるときには処分の全部または一部を取消しまたは変更する裁決をして，裁決の理由等を付記した裁決書の謄本を審査請求人に送達する（通法92・98①②）。裁決において，審査請求に係る処分の全部または一部を維持する場合には，その維持される部分を正当とする理由が明らかにされていなければならない（通法101②）。なお，裁決において，審査請求に係る処分の全部または一部を変更する場合，審査請求人の不利益に当該処分を変更することはできない（通法98③）。

２．訴　訟

（１）不服申立前置主義

　国税に関する法律に基づく処分で不服申立てをすることができるものの取消しを求める訴えは，審査請求についての裁決をそれぞれ経た後でなければ，提起することができない（通法115①）。これを不服申立前置主義という。

　この制度は，
① 課税処分が専門的であり，税務行政庁の知識と経験を活用して訴訟に至るまでもなく事件の解決を図るため
② 訴訟に移行した場合における事実関係の明確化に資するため
③ 課税処分が大量回帰的に行われるものであり裁判所の混乱を回避するため
④ 納税者の訴訟による経済的負担を軽減し簡易迅速な救済をはかるため
というような理由により採用されているとされている。

ただし，次の場合はこの限りではない。

① 国税不服審判所または国税庁長官に対して審査請求がされた日の翌日から起算して3カ月を経過しても裁決がないとき。

② 更正決定等の取消しを求める訴えを提起した者が，その訴訟の係属している間に当該更正決定等に係る国税の課税標準等または税額等についてされた他の更正決定等の取消しを求めようとするとき。

③ 審査請求についての裁決を経ることにより生ずる著しい損害を避けるため緊急の必要があるとき，その他裁決を経ないことにつき正当な理由があるとき。

（2）税務訴訟の形態

訴訟の形態には，主に次の種類がある。

① 取消訴訟

課税処分，滞納処分，不服申立てに対する決定・裁決の取消しを求める訴えをいう。

② 確認訴訟

課税処分，滞納処分の無効または不存在の確認を求める訴え，または不作為の違法確認を求める訴えをいう。

③ 給付訴訟

還付金等の返還を求める訴えをいう。

（3）出訴期間

取消訴訟は，不服申立前置主義がとられ，処分または裁決があったことを知った日から6カ月以内に提起しなければならず，処分または裁決の日から1年を経過したときは，正当な理由がある場合を除いて，訴えを提起することはできない（行政事件訴訟法14①②）。

また，取消訴訟を提起しても，処分の執行または手続きの続行により生ずる回復の困難な損害を避けるため緊急の必要があると認められるときを除いて，

それによって税務行政庁の処分の執行または手続きの続行を妨げるものではない（通法105①，行政事件訴訟法25①）。これを執行不停止の原則という。

（4）判　決

判決には，次の3つの種類がある。

①　却下の判決

訴訟要件を欠く不適法な訴えとして本案審理を拒絶する判決である。

②　請求棄却の判決

本案について審理した結果，原告の請求に理由がないとして，その請求を排斥する判決である。

③　請求認容の判決

原告の請求に理由があるとして，その全部または一部を認容する判決である。

練習問題

1．再調査の請求について説明しなさい。

2．審査請求について説明しなさい。

3．不服申立前置制度について説明しなさい。

参考文献

井上久彌・柳裕治・矢内一好『法人税の計算と理論』税務研究会（2003年）

井上久彌・平野嘉秋『法人税の計算と理論』税務研究会（2007年）

金子宏『租税法（第24版)』弘文堂（2021年）

岸田貞夫・矢内一好・柳裕治・吉村典久・秋山高善・柳綾子『基礎から学ぶ現代税法』
　財経詳報社（2023年）

武田隆二『法人税法精説』森山書店（2005年）

富岡幸雄『税務会計学講義』中央経済社（2013年）

中田信正『税務会計要論』同文舘出版（2011年）

成道秀雄『税務会計論－法人税の理論と応用－』第一法規（2015年）

成道秀雄編著『税務会計論』中央経済社（2013年）

前田長良・柳裕治・廣田昭三・濱沖典之・工藤久嗣・榎本恵一『税務会計の基礎』創成
　社（2005年）

八ツ尾順一『税務会計論』同文舘出版（2003年）

矢内一好・柳裕治『連結納税申告』ぎょうせい（1999年）

柳裕治『税法会計制度の研究－税務財務諸表独立性の論理－』森山書店（2005年）

渡辺淑夫『法人税法』中央経済社（2022年）

索　引

《著者紹介》（五十音順）

秋山高善（あきやま　たかよし）担当：第12章
　　共栄大学国際経営学部教授・税理士

北口りえ（きたぐち　りえ）担当：第4章
　　駒澤大学経済学部教授・博士（経済学）

柳　綾子（やなぎ　あやこ）担当：第5〜7章，第10章，第11章，第13章
　　駒澤大学経営学部講師・博士（経営学）・税理士

《編著者紹介》

柳　裕治（やなぎ　ゆうじ）担当：第1～3章，第8章，第9章

　現職　専修大学教授・会計学研究所所長（2005年度～2011年度）
　　　　博士（商学）・税理士・会計士補
　　　　税務会計研究学会（理事：2003年～．副会長：2009年～2015年）・日本会計研究学会
　　　　（評議員：2006年～2015年）・経営関連学会協議会（評議員：2006年～2017年．幹
　　　　事：2006年～2012年）・世田谷区土地開発公社（評議員・会長：2007年～）等
　専攻　税法学・税務会計学

　主要著書
　『税法会計制度の研究』（単著）森山書店（2005年）
　『ドイツ税理士法』（訳書）日本税務研究センター（2010年）
　『基礎から学ぶ現代税法』（共著）財経詳報社（2013年～2023年）
　『税務会計論』（編著）創成社（2008年～2023年）
　『スタディガイド基本簿記』（編著）中央経済社（2010年～2021年）
　『現代税法の基礎知識』（共著）ぎょうせい（1996年～2011年）
　『税務会計の基礎』（共著）創成社（1989年～2005年）
　『法人税の計算と理論』（共著）税務研究会（1998年～2003年）
　『電子申告』（共著）ぎょうせい（2001年）
　『連結納税申告』（共著）ぎょうせい（1999年）
　『初級簿記演習』（共著）税務研究会（1993年～1998年）
　その他共著書・分担執筆著書・論文多数

（検印省略）

2008年7月20日　初版発行
2015年4月30日　改訂版発行
2019年5月30日　第三版発行
2023年4月30日　第四版発行　　　　　　　　　　　略称：税務会計

税 務 会 計 論 ［第四版］

編著者　柳　　裕　治
発行者　塚　田　尚　寛

発行所　東京都文京区　　株式会社　創 成 社
　　　　春日2-13-1

　　　　電　話 03（3868）3867　　　F A X 03（5802）6802
　　　　出版部 03（3868）3857　　　F A X 03（5802）6801
　　　　http://www.books-sosei.com　振　替 00150-9-191261

定価はカバーに表示してあります。

©2008, 2023 Yuji Yanagi　　　　組版：でーた工房　印刷：エーヴィスシステムズ
ISBN978-4-7944-1585-1 C3034　　製本：エーヴィスシステムズ
Printed in Japan　　　　　　　　落丁・乱丁本はお取替えいたします。